民國歷史與文化研究

十一編

第 **5** 冊

20 世紀前半期兩湖地區的土地關係及農家經濟（下）

林源西 著

花木蘭文化事業有限公司

國家圖書館出版品預行編目資料

20 世紀前半期兩湖地區的土地關係及農家經濟（下）／林源西
著 -- 初版 -- 新北市：花木蘭文化事業有限公司，2020〔民
109〕
目 8+136 面；19×26 公分
（民國歷史與文化研究 十一編；第 5 冊）
ISBN 978-986-518-110-9（精裝）
1. 農業史 2. 中國
628.08 109010082

ISBN-978-986-518-110-9

9 789865 181109

民國歷史與文化研究
十一編 第五冊 ISBN：978-986-518-110-9

20 世紀前半期兩湖地區的土地關係及農家經濟（下）

作　者	林源西	
總 編 輯	杜潔祥	
副總編輯	楊嘉樂	
編　輯	許郁翎、張雅淋　美術編輯　陳逸婷	
出　版	花木蘭文化事業有限公司	
發 行 人	高小娟	
聯絡地址	235　新北市中和區中安街七二號十三樓	
	電話：02-2923-1455／傳真：02-2923-1452	
網　址	http://www.huamulan.tw 信箱 hml 810518@gmail.com	
印　刷	普羅文化出版廣告事業	
初　版	2020 年 9 月	
全書字數	273110 字	
定　價	十一編 11 冊（精裝）台幣 28,000 元	

20世紀前半期兩湖地區的土地關係及農家經濟(下)

林源西 著

目

次

圖目錄

表目錄

第四章　兩湖地區的農業商品化與農戶的作物選擇

　　兩湖地區的農業隨著明清時期的農業大開發在中國佔有越來越重要的位置。從明清到近代，兩湖地區的農業種植雖然一直以糧食作物為主，但是經濟作物在這期間也有了很大的發展，特別是湖北的江漢平原，在清代已經有「糧棉並重」的種植結構。湖南的農村商品經濟在這一時期也有了很大的發展，作物種植也趨於多樣化。農民選擇作物首先是受制於自然環境，但是隨著商品經濟的發展，農業商品化對農民的作物選擇也起到越來越重要的作用。

一、湖北農產品的商品化

　　關於傳統社會湖北農村商品市場的研究，主要集中在明清時期，特別是清代，成果較多。[註1] 由於明清時期兩湖地區主要農作物以稻穀為主的糧食作物，而且兩湖地區在清代是我國主要的糧食輸出地，因此，以往學者多集中於對米糧貿易的討論，較少涉及經濟作物。在清代，湖北的經濟作物種植

〔註1〕參見譚天星：《簡論清前期兩湖地區的糧食商品化》，《中國農史》1988 年第 4 期；李華：《清代湖北農村經濟作物的種植和地方商人的活躍──清代地方商人研究之五》，《中國社會經濟史研究》，1987 年第 2 期；吳琦：《清代湖廣漕運與商品流通》，《華中師範大學學報》1989 年第 1 期；吳琦：《清代湖廣糧食流向及其社會功用》，《華中師範大學學報》1992 年第 2 期；張海英、葉軍：《清代江南與兩湖地區的經濟聯繫》，《江漢論壇》2002 年第 1 期；田炯權：《清末民國時期湖北的米穀市場與商品流通》，《中國經濟史研究》2006 年第 4 期，等等。

已經有所發展，但遠落後於江南地區。〔註2〕晚清以後，漢口、宜昌、沙市的相繼開埠，使湖北作為整個中國的交通樞紐地位更加突出，經濟作物的種植得到更大發展。經濟作物種植面積的擴大，一方面擠壓了糧食種植的空間，另一方面，也使湖北農業商品化進一步發展。

（一）糧食作物的商品化

根據劉大鈞在上世紀 20 年代的估計，在正常年景下，湖北每年稻產 6000餘萬石，其他雜糧產額與稻產相當，而湖北每年需要糧食約 2 億石，因此，湖北每年輸入米糧將近 1 億石。〔註3〕但是這個估計的缺口數字委實過於巨大，讓人難以置信。根據 1935 年湖北人口的統計數據，全省人口 25367475人，〔註4〕如以每人每年消費糧食 400 斤計，〔註5〕則湖北全省年消費糧食 1.01億餘擔，而 1936 年湖北主要幾種糧食作物（稻、大小麥、玉蜀黍、甘薯、大豆、蠶豆、豌豆等）總產合計 1.03 億擔，〔註6〕除消費外，尚有 200 萬擔的餘糧。1936 年中國農業普遍豐收，如按正常年景，湖北的糧食產量應能勉強自給或少量輸入，遇上災年，則需大量輸入糧食。

稻穀是湖北的主要糧食作物，由於米是湖北民眾的主食，加之鄂省人口眾多，稻米往往無法自給，需仰給湘、皖、贛米的輸入。鄂省一些產米區會有餘米輸出，如應城縣「輸出之農產品以糧食為最多，稻、米，約二十萬市擔」，〔註7〕崇陽縣每年輸出稻米年約 40 萬石。〔註8〕這些稻米的輸出，除了部分供省內各縣消費外，餘者運往漢口。韓國學者田炯權根據 1936 年出版的

〔註2〕 參見張家炎：《糧棉兼重各業發展──清代中期江漢平原作物結構研究》，《古今農業》1991 年第 3 期；張家炎：《明清長江三角洲地區與兩湖平原農村經濟結構演變探異──從「蘇湖熟，天下足」到「湖廣熟，天下足」》，《中國農史》1996 年第 3 期。

〔註3〕 劉大鈞：《我國佃農經濟狀況》，太平洋書局 1929 年版，第 81 頁。

〔註4〕 湖北省政府秘書處統計室編：《湖北人口統計》，1936 年版，第 3 頁。

〔註5〕 根據 1937 年出版的《湖北農村調查》的估計數據，應城縣每人每年糧食消費量為 322.4 市斤，漢陽縣則為 392 市斤，參見湖北省農村調查委員會編：《湖北農村調查》，湖北省秘書處統計室 1937 年版，第四冊，第 29 頁，第六冊，第 29 頁。

〔註6〕 湖北省政府秘書處統計室編：《湖北年鑒（第一回）》，1937 年版，第 166～167頁。

〔註7〕 湖北省農村調查委員會編：《湖北省農村調查報告》，第四冊，湖北省政府秘書處統計室 1937 年版，第 27 頁。

〔註8〕 湖北省民政廳編：《湖北縣政概況》，1934 年版，第 163 頁。

《中國通郵地方物產志》認為，20 世紀 30 年代前期，湖北米的常年輸出量是 300 多萬石，該文認為「這部資料證據確鑿」。[註9] 但細究起來，有些數據並不可信，比如孝感穀的輸出量為 6000 萬石，數字離譜。[註10]（田文引用時，誤記為 600 萬石，但田氏覺此數亦過高，故未計入總量）即便是 1935 年鍾祥縣的 100 萬石輸出量，亦值得懷疑。《湖北縣政概況》載，在豐收年份，鍾祥縣每年可輸出稻穀 100 石左右，「近七八年間，則大異，委因迭受各種災浸所至」，[註11] 糧食輸出必然大不如前。1935 年也是鍾祥的災年，漢水流域大洪災，鍾祥波及甚重，100 萬石米糧輸出顯然不可信。根據日本人估計，民國初鄂省內輸往漢口的稻米，沙市一帶五、六萬石，襄陽一帶 30 萬餘石，其他地方 40 萬石左右；[註12] 而據 1928 年之調查，全年漢口輸入稻米約 280 餘萬石，其中湘米占 50%，襄河及武勝關一帶占 30%，贛、皖及其他占 20%。由此推斷，鄂省各地輸入漢口的稻米每年可能在 80 萬石左右。這些稻米除了漢口本地消費外，「復運於上海者，約七十餘萬石。」[註13] 假設輸往上海的稻米均為鄂米，以二穀一米算，約計稻穀 140 萬石，總產量按劉大鈞所估計的全省每年稻穀 6000 萬石計，輸出量也不過占全省總產額的 2.33%，可見湖北農產品長距離貿易中，稻米的比重是很低的。

　　小麥是生產麵粉的原料，近代以來，我國麵粉業發展迅速，小麥也因此成為商品化較高的糧食作物。華北是我國小麥的主要產區，據統計，山西省約占總產量的 15.5% 的小麥進入長距離貿易，山東省 1933 年小麥的外銷量占產量的 24.4%，章邱縣輸出量高達 80%。[註14] 湖北也是我國小麥的主要產地之一，據 1936 年的估計數據，湖北小麥的耕種面積為 13234000 市畝，年產量 13227000 擔。鄂北地區是湖北省小麥的主要輸出地，襄陽縣每年可輸出小麥 9 萬擔，宜城 5 萬擔，輸出量均可占本縣小麥總產量的 10% 以上；[註15]

〔註9〕（韓）田炯權：《清末民國時期湖北的米穀市場和商品流通》，《中國經濟史研究》2006 年第 4 期。

〔註10〕交通部郵政總局編：《中國地方通郵物產志》，湖北編，商務印書館 1937 年版，第 11 頁。

〔註11〕湖北省民政廳編：《湖北縣政概況》，1934 年版，第 861 頁。

〔註12〕（日）東亞同文會：《支那省別全志·湖北省》，1918 年版，第 545 頁。

〔註13〕中國銀行經濟研究室編：《米》，1937 年版，第 155 頁。

〔註14〕慈鴻飛：《二十世紀前期華北地區的農村商品市場與資本市場》，《中國社會科學》1998 年第 1 期。

〔註15〕輸出量的數據來自《湖北縣政概況》，第 1096、1163 頁，作為基數的總產量數據來自《湖北年鑒》，第 168 頁。

棗陽小麥豐年時每年產量達 30 萬石，可輸出 10 萬石，普通年份輸出 5 萬石左右。〔註 16〕其他如應城、漢陽、隨縣、安陸等縣皆有小麥輸出。這些輸出小麥大部分進入漢口的麵粉廠加工成麵粉。1933 年，各地輸入漢口的小麥總共約 180 萬擔，漢口幾家麵粉廠消耗 160 餘萬擔，輸往上海 10 餘萬擔。〔註 17〕1933 年較為特殊，中國尚處在經濟危機之中，相比對 1930 年的農產品價格指數，1933 年的降幅為 10.3%。〔註 18〕農產品價格下跌，使得 1933 年鄂豫兩省估計有 1400 萬擔以上的小麥，「因麥價過廉，皆以土磨備食用。」〔註 19〕故在一般年份，輸入漢口之小麥，當不止 180 萬擔，據金城銀行估計，「每年到漢小麥之數量，多時可達 400 萬市石，少則亦有 200 萬市石。」漢口的小麥來源有三，分別是湖北各縣、豫南和湘西各縣，其中湘麥「在漢口來源中不及輸入額 1%，殊不能引人注意」。〔註 20〕湖北各縣輸入漢口的小麥的精確數字缺乏統計，但根據業中人估計，每年大約有 210 萬包，折合 200 萬擔。〔註 21〕如果這個估計接近事實的話，湖北省小麥進入近代工業領域的不到總量的 10%，〔註 22〕比例比華北要低。個中緣由，當是湖北省麵粉業不如華北發達，大的粉廠僅武漢幾家，〔註 23〕大部分小麥為各縣境內小磨坊所消耗，如棗陽縣之小麥，「在本地實銷者，占一大部分，……買方為本地之小磨坊，共有百餘家。」〔註 24〕

〔註 16〕平漢鐵路經濟調查組編：《老河口支線經濟調查》，乙篇，《棗陽經濟調查》，1937 年版，第 14 頁。

〔註 17〕陳良玉：《二十二年份漢口市食糧市況》，《漢口商業月刊》1934 年第 2 期。

〔註 18〕（日）城山智子著，孟凡禮、尚國敏譯：《大蕭條時期的中國》，江蘇人民出版社 2010 年版，第 93 頁。

〔註 19〕陳良玉：《二十二年份漢口市食糧市況》，《漢口商業月刊》1934 年第 1 卷第 2 期。

〔註 20〕金城銀行：《漢口之粉麥市場》，第 1～5，1938 年 3 月，轉引自曾兆祥主編：《湖北近代經濟貿易史料選輯》第 1 輯，1984 年版，第 126 頁。

〔註 21〕平均 21 包折合一噸，見金城銀行：《漢口之粉麥市場》，第 1～5，1938 年 3 月，轉引曾兆祥主編：《湖北近代經濟貿易史料選輯》，第 1 輯，1984 年版，第 125 頁。

〔註 22〕據國民政府主計處統計局的數據，湖北省平常年份小麥年產量為 2870017 千斤，即 28700170 擔。

〔註 23〕1924 年，漢口有五家機器粉廠，即裕隆、金龍、亨豐、和豐、福新；1936 年，整個武漢的機器麵粉廠為四家，即漢口的福新、裕隆、金龍，漢陽的五豐。參見《中外經濟週刊》1924 年第 84 期、《國民經濟月刊》1937 年第 2 期。

〔註 24〕平漢鐵路經濟調查組編：《老河口支線經濟調查》，乙篇，《棗陽經濟調查》，1937 年版，第 14、18 頁。

　　湖北的雜糧產量也很大，不過一般不進入長途貿易，只是省內的糧食調劑。〔註 25〕近代以來，湖北民眾的食物消費有粗糧化趨勢，1934 年，稻米僅占糧食消費的 34%，〔註 26〕雜糧佔有越來越重要的地位，如上面提到的崇陽縣，「所產穀米，依人口計算，本不足供食用。但每年尚有大批米穀出口，因薯可占食糧三分之一。」〔註 27〕

　　由前文可知，1936 年湖北糧食總產量估計值為 1.03 億擔，而進入流通領域的餘糧（包括稻、小麥、大麥、玉米、黃豆高粱等）合計為 2841180 擔，〔註 28〕僅占總產量的 2.76%左右。由於一些縣的數據缺乏，得出的比例固然偏低，但 1936 年是公認的民國期間農業年景較好的年份之一，且湖北又是自然災害較為頻繁的省份，一遇災年，需要大量糧食輸入，因此，不能對湖北糧食的商品率做過高的估計。

（二）經濟作物的商品化

　　湖北的經濟作物品種較多，主要有棉花、麻、茶葉、煙草、桐油等。由於經濟作物在湖北農村商品市場中地位很重要，下文將分述主要經濟作物的商品化。

　　棉花。湖北是我國棉花的重要產區，民國中後期一般每年的產量僅次於江蘇，居全國第二位。〔註 29〕根據漢口商品檢驗局之調查統計報告，自 1920 年至 1932 年間，湖北全省棉田種植面積每年約 7183018 畝，占全國棉田總面積的 32%，而每年平均產額為 1848889 擔，幾占全國全生產額四分之一。〔註 30〕「每年總值逾一萬萬元，關係全省經濟至巨」。湖北全省六十餘縣內四十多個縣有棉花種植，最主要的產區江陵、襄陽、沔陽等縣，產量達二十萬擔以上。〔註 31〕

〔註 25〕田炯權在文章中認為湖北「雜糧並不是自給或小市場的銷售商品，而是投入到遠地的商品糧」，但他把小麥歸入雜糧之內，故其估計雜糧的商品化程度比筆者認為的要高。參見田炯權：《清末民國時期湖北的米穀市場和商品流通》，《中國經濟史研究》2006 年第 4 期。

〔註 26〕陳鈞、張元俊、方輝亞編：《湖北農業開發史》，中國文史出版社 1992 年版，第 234 頁。

〔註 27〕湖北省民政廳編：《湖北縣政概況》，1934 年版，第 163 頁。

〔註 28〕湖北省政府秘書處統計室編：《湖北年鑒（第一回）》，1937 年版，第 176～179 頁。

〔註 29〕鮑幼申編：《湖北經濟概況》，《漢口商業月刊》1934 年第 3 期。

〔註 30〕吳少軒：《湖北省棉業調查》，《平漢鐵路月刊》1934 年第 53 期。

〔註 31〕湖北省政府秘書處統計室編：《湖北年鑒（第一回）》，1937 年版，第 198 頁。

　　湖北的棉花銷路,「一部為農民自紡自織,銷路有限,一部為本省各大紗廠所消費,年約七八十萬擔,餘則運銷國內各埠及海外市場」。〔註32〕湖北本省棉花的消耗,主要集中於漢口,年消費棉花「幾占鄂省總產額三分之一」。〔註33〕「漢口本地有五間紗廠,即裕華、民生、第一、震華、申新第四廠,大抵取本地產品」,另鄂省各地「之織工用舊法紡織約消費三十萬擔。」〔註34〕除本省消費外,從漢口出口棉花數量如下表:

表 4.1:1925 年至 1931 年漢口棉花輸出數

年別	輸出量（擔）
1925	1281247
1926	1884939
1927	1418924
1928	2402520
1929	1683342
1930	936990
1931	364406

資料來源:吳少軒:《湖北棉業調查》,《平漢鐵路月刊》1934 年第 53 期。

　　從漢口出口的棉花不僅僅是鄂棉,還有豫棉、陝棉和湘棉。但從上表看,1931 年長江大水,導致棉花出口數量銳減,足見從漢口出口之棉花大部分為鄂棉。據抗戰前夕的數據,湖北棉花總產量 3181872 擔,輸出 1482400 擔,輸出占產量的 46.6%。〔註35〕這個輸出數字可能因一些數據的遺漏而偏低,因為湖北棉花「除少部分留為各地被服絮花之用,每年約需四五十萬擔外,大部分均行運漢口,以供省內各紗廠之用,並輸運出口。」〔註36〕按表 2 平均每年總產量 2047009 擔計,湖北各地平均每年留用之棉花約占總產量的20%—25%之間,因此,湖北棉花的商品率應在 70%以上。

　　麻。湖北所產之麻,苧麻為大宗,主要產區是陽新、大冶、蒲圻、廣濟、武昌、蘄春和咸寧等縣,全省每年總產估計為 395000 擔。湖北省苧麻的交易市

〔註32〕湖北省政府秘書處統計室編:《湖北年鑒(第一回)》,1937 年版,第 198 頁。
〔註33〕曾兆祥主編:《湖北近代經濟貿易史料選輯》,第 1 輯,1984 年版,第 46 頁。
〔註34〕吳少軒:《湖北棉業調查》,《平漢鐵路月刊》1934 年第 53 期。
〔註35〕根據前揭曾兆祥主編《湖北近代經濟貿易史料選輯》,第 2 輯,第 65—66 頁數據計算所得。
〔註36〕陳紹博:《湖北棉業概況》,《實業部月刊》1936 年第 8 期,第 136 頁。

場為漢口、武穴、沙市和宜昌，其中以漢口和武穴最為重要。漢口每年出口約二十萬擔。〔註37〕武穴為湖北麻重要輸出地，「其銷量幾與漢口相等」。〔註38〕1929 年之後，陽新、大冶等縣苧麻產量大減。陽新縣原最高產額可達 30 萬捆（每捆 65 斤），1934 年產額僅 12 萬捆；大冶則從最高的七八萬捆，降至 1934 年的 5 萬捆。〔註39〕產量的減少導致出口量也急劇下降，如武穴在 1925 年出口苧麻 30 萬捆，1926、1928 年降至約 20 萬捆，至 1933 年則減至 11 萬捆左右。由於「國內缺乏製麻工廠」，湖北之麻「大都運往外洋，十分之七銷於日本。」〔註40〕漢口與武穴均有日商派專人駐居，並建有「大規模之購運機關，如岩井、三井、吉田、大同、棉麻等麻行。」主要產麻地陽新也有「售賣苧麻之日商數家，所產苧麻，十之六七，均為其購去。」〔註41〕可見，湖北之麻是商品化程度極高的農產品。儘管產量下降，但麻一年可三收，「於農民經濟之調劑，最為有利」。〔註42〕

　　茶。茶是湖北省傳統的出口產品之一，晚清時期，漢口的茶葉出口值約占全部土貨全部出口貨值的 40%左右，其出口量的增減影響了漢口市場的興衰。〔註43〕漢口所有出口茶葉中又以湖南、湖北所產茶葉最多。晚清時期漢口出口之茶葉，大部分製成茶磚輸往俄國，最高時占到全國輸往俄國之茶葉的 80%。但是晚清以降，由於錫蘭、印度等國茶葉的競爭，中國茶葉在國際市場的優勢地位喪失。一戰期間，漢口茶葉出口受影響極深，茶業相關企業只剩下「製磚廠四處，華商一家曰興商公司，資本二十五萬兩。俄商三家，曰新泰、阜昌、順豐，資本不詳，多半停閉。茶市衰落可見一斑。衰落之原因，受歐戰之影響十之二三，受俄亂之影響十之七八也。」漢口的茶葉外銷也從清末民初時最高到 500 萬箱降到 20 世紀二十年帶的 80 萬箱左右。〔註44〕

〔註37〕湖北省政府秘書處統計室編：《湖北年鑒（第一回）》，1937 年版，第 198 頁。
〔註38〕金陵大學農業經濟系編：《江西瑞昌、湖北陽新、大冶苧麻之生產與運銷》，1938 年版，第 57 頁。
〔註39〕金陵大學農業經濟系編：《江西瑞昌、湖北陽新、大冶苧麻之生產與運銷》，1938 年版，第 34、40 頁。
〔註40〕湖北省政府秘書處統計室編：《湖北年鑒（第一回）》，1937 年版，第 198 頁。
〔註41〕金陵大學農業經濟系：《江西瑞昌、湖北陽新、大冶苧麻之生產與運銷》，1938 年版，第 57 頁。
〔註42〕湖北省政府秘書處統計室編：《湖北年鑒（第一回）》，1937 年版，第 198 頁。
〔註43〕杜七紅：《論茶葉對晚清漢口市場的影響》，《江漢論壇》1999 年第 6 期。
〔註44〕曾兆祥主編：《湖北近代經濟貿易史料選輯》第 1 輯，1984 年版，第 13、14、16 頁。

羊樓洞是湖北最重要的產茶地，民國初期，羊樓洞一鎮大約有製造茶磚的茶莊十餘家，到 1934 年，只剩下五家。〔註 45〕漢口茶葉的輸出也因為國民政府與蘇聯的斷交日趨減少，1928 年尚有 60 萬餘擔出口，到 1933 年僅 28 萬餘擔。〔註 46〕我國茶葉短短幾十年就從輝煌中衰落，引起了諸多社會人士的重視，如何重振我國茶葉的輝煌，也成了很多相關人士較為關心的問題。〔註 47〕

　　煙草。湖北煙草的出口，開始於民國初，後「輸出額年有增加，民間因此栽培者漸見增多。」到二十世紀二十年代中期，每年產額可達 30 萬擔，「其中均縣約十萬擔，黃岡約八九萬擔，應山、隨縣約五萬擔，黃梅廣濟約四萬擔，鄖縣約一萬擔，武昌約一萬擔。」〔註 48〕均縣作為湖北省最重要的煙草產地，在民國初每年輸往漢口之煙草每年即已達 10 萬擔，〔註 49〕是均縣的最重要的經濟作物，最高時產額可達 20 萬擔，「全縣經濟之榮枯，全視煙草之豐歉與價額以為轉移。」〔註 50〕湖北各地所產煙草近 70%輸往漢口，英美煙草公司、南洋兄弟煙草公司及日本煙商消耗大部。〔註 51〕

　　桐油。桐油是漢口茶葉貿易衰落後崛起的最重要的農產品。有論者指出：「茶葉與桐油都是漢口的重要出口貨物，從時間上看，前期是茶葉執牛耳，後期則有桐油的輝煌期。」〔註 52〕漢口的桐油主要來自四川與兩湖。就湖北省而言，每年桐油產量可達三十餘萬擔，主要產地在鄂西、鄂北各縣，省內長江下游各縣如英山、麻城、廣濟、鄂城等也有少量產額。〔註 53〕桐油作為工業原料，省內缺乏加工工廠，故基本上輸往漢口再向外輸出。從銷路看，

〔註 45〕 金陵大學農業經濟系編：《湖北羊樓洞老青茶之生產製造及運銷》，1936 年版，第 2 頁。

〔註 46〕 金陵大學農業經濟系編：《湖北羊樓洞老青茶之生產製造及運銷》，1936 年版，第 37 頁。

〔註 47〕 如當時著名農學家吳覺農在其著作中就詳細討論了中國茶業存在的問題，振興茶業的必要性和途徑。參見吳覺農：《中國茶業復興計劃》，商業印書館 1935 年版。

〔註 48〕 佚名：《湖北之煙草》，《中外經濟週刊》1925 年 110 期，第 1 頁。

〔註 49〕 （日）東亞同文會：《支那省別全志·湖北省》，1918 年版，第 639 頁。

〔註 50〕 白眉初：《鄂湘贛三省志》，商務印書館 1927 年版，第 119 頁。

〔註 51〕 佚名：《湖北之煙草》，《中外經濟週刊》1925 年 110 期，第 8 頁，比例按文中所載之漢口市場內鄂省各地煙葉總數除以前揭總產額得出。

〔註 52〕 張珊珊：《近代漢口港與其腹地經濟關係變遷》，復旦大學 2007 年博士學位論文。

〔註 53〕 湖北省地方志編纂委員會辦公室編：《湖北省志資料選輯》，第二輯，1983 年版，第 23 頁。

輸往國外者最多，幾乎占輸出額的 90%左右。〔註 54〕可見，桐油是湖北省進入長途貿易比例最高的農產品，也是鄂西、鄂北一帶山區民眾重要的經濟來源之一。

綜上所述，湖北農產品的商品化呈現出以下特點：第一，由於人口的增長與經濟作物種植面積的擴大，糧食作物在農村市場已不占主要地位，經濟作物成為市場中的主要商品，這說明了民國以來湖北農產品商品化的深入。第二，經濟作物多樣化，傳統出口作物如茶葉等，市場優勢地位喪失，另外一些原本非優勢的經濟作物崛起，如棉花，在二十世紀之前還不是湖北的主要經濟作物，在漢口的海關冊上被歸為雜類。甲午戰爭後，由於需求的刺激，湖北棉花開始大量種植，並在 1919 年，「取代茶葉和芝麻，成為漢口關出口土貨中最大的一宗」。〔註55〕漢口桐油亦是在二十世紀初貿易開始迅速擴大，民國時期出口量占到全國桐油出口總量的百分之八十左右。〔註 56〕總體上說，1912 年至 1937 年間，湖北農村商品經濟由於經濟作物耕種面積的擴大和種類的多樣化而不斷發展。究其原因，有以下兩點：其一，湖北交通的便利。交通的發展我們在第一章中已有論述，「湖北交通便捷，運輸易辦，故業農者對於出產上多不注全力於稻糧，而汲汲經營絲、麻、茶、棉、油、漆等業。」〔註 57〕其二，漢口近代工業的發展。與農產品相關的是輕工業。張之洞督鄂期間創辦了湖北省織布局、紡紗局、繅絲局、製麻局等官辦輕工業企業，使漢口成為中國重要的工業中心。甲午戰爭後，外資企業進入漢口創辦工廠，民營企業也逐步發展，輕工業涉及紡織、食品、煙草、製茶等行業，拉動了湖北省經濟作物的消費，從而促進了農產品商品化的深入。

二、湖南省的農業商品化

明清時期，米糧輸出是兩湖經濟的主要特徵之一，農產品的商品化也是以稻穀的商品化為主。清代以後，湖北省糧食輸出省的地位逐漸喪失，湖南則一直保持著這樣的地位，明代流傳的諺語「湖廣熟，天下足」在清代以後事實上變為「湖南熟，天下足」。近代以後，湖北省的農產品商品化得到了較

〔註 54〕鮑幼申編：《湖北省經濟概況》，《漢口商業月刊》1934 年第 1 卷第 7 期。

〔註 55〕徐凱希：《近代湖北植棉業初探》，《江漢論壇》1991 年第 2 期。

〔註 56〕張珊珊：《近代漢口港與其腹地經濟關係變遷》，復旦大學 2007 年博士學位論文。

〔註 57〕劉大鈞：《我國佃農經濟狀況》，太平洋書店，1929 年，第 82 頁。

快發展，特別是 20 世紀以後，經濟作物成為主要的農業輸出品。而湖南的農產品輸出仍是以米穀為大宗。但湖南的經濟作物在近代也有所發展，下文我們將以米穀為主，討論 20 世紀前半期湖南省農產品商品化的發展。

（一）米穀的商品化

有關湖南省種稻面積及產量的資料，來源甚多，但是數字皆有出入。30 年代湖南省經濟調查所曾對有關數據做了匯總，見下表：

表 4.2：民國時期湖南省稻作面積及產量

年別	面積畝數	產量	材料來源
1914	214294071	206376158 石	北洋政府農商部第三次農商統計
1915	56784715	198678830 石	北洋政府農商部第四次農商統計
1916	4487825	16788925 石	北洋政府農商部第五次農商統計
1929	26339800	94581131 石	湖南省自治籌備處統計
常年	26490000	107778000 擔	張心一中國農業概況估計
1931	26099000	91095000 擔	中央農業實驗所農情報告
1932	26659000	121812000 擔	
1933	28018000	101745000 擔	
1934	27147000	70319000 擔	

資料來源：曾賽豐、曹有鵬編：《湖南民國經濟史料選刊 2》，湖南人民出版社 2009 年版，第 449 頁。

很顯然，上表中北洋政府農商部的統計數據是存在嚴重問題的。湖南自治籌備處的調查較為確實，但缺少大庸、桑植、乾城、晃縣、古丈等縣數據，中央農業實驗所的數據建立在湖南各縣不完全報告之估計。後五組數據之面積畝數較為接近，且都是建立在調查的基礎上，這表明張心一氏所估計的常年水稻種植面積應是較為接近實際情況的。實業部國際貿易局在 1934 年也有過調查，所得的數字為水稻種植面積 28574603 畝，常年產量 130515165 擔，1933 年的產量為 123696875 擔。〔註58〕湖南省經濟調查所所估計的湖南全省稻作面積 28716000 畝，每畝平均產量 4.98 石（十足年），總產量 140955130 石（以 1 石 130 市斤計，約為 18324166900 市斤），〔註59〕無論是稻作面積還

〔註58〕實業部國際貿易局：《中國實業志（湖南省）》，1935 年版，第四編，第 11 頁。
〔註59〕曾賽豐、曹有鵬編：《湖南民國經濟史料選刊 2》，湖南人民出版社 2009 年版，第 451 頁。

是還是稻穀產量，這個估計數字都是幾組數據中最高的，且該所亦表明是十足年產量之估計，故我們可以將之認為此估計數為二三十年代前後的最高產量。湖南省之人口於 1929 年、1930 年、1932 年都有過戶口調查，根據 1932 年湖南省政府秘書處之調查數據，湖南省人口為 30236247，此次調查被認為較為可靠。〔註60〕實業部國際貿易局所調查的數字略低，為 28514044 人。〔註61〕目前我們尚無法知曉 30 年代前後湖南省的準確人口數量，但以上之調查表明，湖南人口應接近 3000 萬。我們以較低的《中國實業志》的數字為依據，以每人每年消費稻穀 400 斤計算，則每年消耗稻穀 1.1 億擔，如以十足年之產量，尚餘 7 千萬擔左右，這個數字應該是過大的。如以常年產量計（以表 4.2 為據，湖南稻穀常年產量可能在 1 億擔左右），則所餘不多，甚至有所缺乏。湖南省 7 千萬擔之餘糧的可能性很低，但是米穀非湖南人民唯一之主食，故湖南省的米穀常年有餘，並向外輸出。根據湖南省經濟調查所的數據，該省外運之穀米，合計大概在 8 百萬石左右，見下表：

表 4.3：30 年代湖南米穀有餘縣份輸出概況

縣別	全年輸出穀概數（石）	運銷地點
岳陽	100000	漢口
華容	300000	漢口，長沙
南縣	502000	漢口，長沙
安鄉	1300000	漢口，長沙
漢壽	150000	漢口，長沙，湘潭
沅江	150000	漢口，長沙
湘陰	780000	漢口，長沙
瀏陽	10000	長沙，江西
長沙	77000	長沙，漢口
寧鄉	70000	湘潭，長沙
醴陵	204000	長沙，漢口，萍鄉
攸縣	60000	湘潭、衡山、衡陽、長沙等地

〔註60〕湖南省政府秘書處第五科：《湖南年鑒》（1933 年），1934 年版，第 24 頁。另見實業部國際貿易局：《中國實業志》（湖南省），1935 年版，第一編，第 21 頁。

〔註61〕實業部國際貿易局：《中國實業志》（湖南省），1935 年版，第一編，第 40 頁。

茶陵	100000	長沙，衡陽，湘潭
衡山	200000	湘江下游
衡陽	10000	祁陽、邵陽
安仁	75000	長沙，湘潭
汝城	191000	樂昌，仁化，崇義
東安	16000	武岡，邵陽
零陵	30000	寧遠，道縣，全縣，祁陽
永明	100000	江華，道縣，廣西
新田	8000	藍山，嘉禾
益陽	200000	長沙，新化，安化，漢口
武岡	600000	邵陽
常德	1000000	長沙，漢口
桃源	247000	常德，漢口
辰溪	50000	麻陽，瀘溪
溆浦	500000	新化，武岡，黔陽
黔陽	400000	洪江，辰溪，江口
芷江	200000	洪江，龍市，會同，晃縣
靖縣	50000	洪江等處
綏寧	37000	武岡，會同，通道
澧縣	70000	漢口、長沙、慈利、大庸、桑植、永順等地
臨澧	200000	津市
合計	7987000	

資料來源：曾賽豐、曹有鵬編：《湖南民國經濟史料選刊 2》，湖南人民出版社 2009 年版，第 456～457 頁。

　　如以運出縣境為商品化之起點，假設湖南米穀產量為 1 億擔，則依照上表，湖南省稻米輸出為 7987000 石（約為 10383100 擔）湖南省米穀的商品率為 10%左右，就糧食作物而言，應該說商品化程度不低。且從上表中，我們也可以看出，有餘之米穀有相當部分是運往鄰縣做調劑，真正出省進入長距離貿易的稻米所佔比例要低不少。

　　中國銀行經濟研究室認為湖南省的米穀除消費外，每年上可餘千餘萬市擔可運往外省，但真正運往外省，每年從長沙關和岳州關輸出外省的僅占一小部分，如下表：

表 4.4：1929 年～1935 年長沙關、岳州關湘米運出量

年度	長沙關（市擔）	岳州關（市擔）	合計（市擔）
1929	188756	——	188756
1930	191314	2318	193632
1931	58316	——	58316
1932	213148	1526	214674
1933	742556	5088	747644
1934	1318384	5070	1322454
1935	446240	3018	449438
平均	451244.85	2431.43	453676.28

資料來源：朱西周編：《米》，中國銀行經濟研究室 1937 年版，第 149 頁。

　　從上表可以看出，每年從長沙、岳州兩關輸出的湘米僅占每年產額的極少部分（七年平均不到 1%），而占每年所餘量也不到 10%。如果湘米每年所餘千萬擔有餘接近事實的話，那麼上表七年中通過海關輸出的最高額 130 萬餘擔（1934 年）也僅占所餘的一小部分，1931 年最低之 58316 擔，更可說是微不足道，當然，這應與 31 年的大水災有關。如從民國元年開始計，通過長沙、岳州兩關輸出米穀最高額為 1920 年的 2342904 擔，〔註62〕即便這個數字也無法完全說明湖南省米穀的出口量，因為很大一部分湖南米穀中很大一部分並不通過長沙、岳州兩關出口。根據前揭日本人在民國初期的調查，漢口每年大約輸入的米在 400 萬石左右，來自湖南的大約在 188 萬石以上，其中來自 60 餘萬石來自靖港，80 餘萬石來自易俗河，30 萬石來自益陽，另有 5 萬石來自常德，8 萬石來自長沙，5 萬石來自岳州。〔註63〕如加上輸往廣東、江西之米穀，在民國初年湖南輸出省外的米可能在 200 萬石左右。值得注意的是，日人在漢口市場所調查的為「米」，以一米二穀計，則湖南輸往省外的穀達到 400 萬石（約 520 萬市擔），大約占產額的 5%強，占剩餘量的 50%以上。

　　湖南省米穀主要輸出路線有六：由長沙、蘆林潭、城陵磯三處出口運往滬漢諸埠；由南華醴安輸往沙市、宜昌等處；由醴陵出口，或北運鄂省，或

〔註62〕全國經濟委員會農業處編：《米穀統計》，1934 年版，第 44 表。
〔註63〕（日）東亞同文會：《支那省別全志‧湖北省》，1918 年版，第 546 頁。

東運江西；由郴縣出口者，則運往粵桂兩省。這六處出口額基本上可代表湖南省糧食輸出總額。根據湖南食糧登記處的額統計，1932、1933、1934 年經由這六處出口的米穀分別為 838758.30 擔、2309767.36 擔、1549670.76 擔，〔註 64〕平均為 1566065.47 擔。所引資料並未說明輸出「米」「穀」所佔比例，但如《中國實業志》中 1932 年之數字，米占 63.72%，穀占 36.28%計算，〔註 65〕這三年平均輸出為穀大約為 256 萬擔，大約占總產量的 2.56%，占總餘量的三分之一左右。

由於每年米穀產量的不同，湖南省向外輸出的糧食亦有不同。筆者認為，在二十世紀前半期，湖南每年平均向外輸出的稻穀大約在 200 萬擔以上。根據上文提供的數據推測，在 1920 年代之前，折成穀的輸出量可能在 400 萬擔左右，而 30 年代以後降到 250 萬擔左右，輸出量大約相當於產量的 2.5%～4%左右。

韓國學者田炯權認為湖南輸出米穀折合成穀在 1300 萬石以上，〔註 66〕但是他所依據的《中國通郵地方物產志》如我們在湖北省農產品商品化研究中所分析的，同樣存在問題。且不論常德 5000 萬石的離譜數字（田氏認為是 500 萬石之誤），即使是華容縣 300 萬石的輸出量，〔註 67〕也是存在很大問題的。湖南省經濟調查所估計，華容縣十足年稻穀產量為 2101000 石，換言之，華容縣稻穀的最高產量在 210 萬石左右。而根據《中國實業志》提供的數據，華容縣 1929 年由自治籌備處的調查，稻穀年產量 1369830 擔，主計處統計局 1932 年發布的數據為 479110 擔，實業部國際貿易局推測該縣常年產量為 959390 擔。〔註 68〕儘管調查或者估計數各不相同，但是華容縣年產稻穀超過 300 萬石的可能性極小，遑論向外輸出 300 萬石。因此，我們認為二十世紀前半期湖南省向外輸出米穀折合米 250 萬～400 萬擔是較為合理的。

〔註 64〕 曾賽豐、曹有鵬編：《湖南民國經濟史料選刊 2》，湖南人民出版社 2009 年版，第 468 頁。

〔註 65〕 根據該數據，1932 年湖南向外輸出穀 377353.03 擔，米 650129.77 擔，參見實業部國際貿易局：《中國實業志》（湖南省），1935 年版，第四編，第 19 頁。

〔註 66〕 （韓）田炯權：《清末民國時期湖南的米穀市場和商品流通》，《清史研究》2006 年第 1 期。

〔註 67〕 （韓）田炯權：《清末民國時期湖南的米穀市場和商品流通》，《清史研究》2006 年第 1 期。另見交通部郵政總局編：《中國通郵地方物產志》，商務印書館 1937 年版，湖南編，第 10 頁。

〔註 68〕 實業部國際貿易局：《中國實業志》（湖南省），1935 年版，第四編，第 14 頁。

（二）雜糧及經濟作物的商品化

　　儘管我們認為《中國通郵地方物產志》的數據不準確，但是還是可以從中看出一個地區物產的輸出種類。根據該書，湖南省向外輸出的雜糧有紅薯、大麥、小麥（由於大小麥在湖南生產較少，我們將之歸入雜糧）、高粱、玉蜀黍、豆類等，但輸出量極少，原因在於一則雜糧種植不多，二則雜糧中的大部分為米穀的替代糧食在省內消費。根據湖南海關的統計，從 1904 年到 1933 年間，雜糧的出口「至多時亦達二十餘萬兩」，而米穀的出口最高額則達到了 600 萬兩以上。〔註 69〕但從商品率來說，某些雜糧外銷額（銷至縣境之外）占產額的百分比比米穀要高，比如紅薯，1933 年產量為 34857865 擔，外銷 3136058 擔，外銷量占總產量的 9%；小麥的外銷量占總產額的 10.55%，大麥的外銷比例則為 7.13%，大豆為 12.21%，〔註 70〕由此可見，雜糧的外銷比例大體在 10%上下。如果結合前文米穀的商品化，相較湖北省，湖南省糧食作物的商品化程度要稍高一些，這與湖南省以糧食作物為主要作物的種植結構有關。

　　近代以來，經濟作物雖然在湖南有較大發展，但是區域性的特點也較明顯。茶、桐油、棉花為湖南省主要的經濟作物。湖南主要產茶的縣為安化、平江、臨湘、長沙、瀏陽、湘鄉、醴陵、湘陰、漢壽、桃源、寧鄉、寶慶等，在 30 年代，全省每年產額在 80 萬擔以上，其中有三四十萬擔可向外輸出。從海關統計上看，湖南省從清末開始，湖南省茶葉出口總體呈上升趨勢，於 1926 年輸出 66135 擔達到頂峰。湖南的茶葉輸出主要以民船裝運，海關統計的出口數僅占湖南茶葉出口數的一小部分。〔註 71〕重要的產茶縣，每年輸出的茶要比海關統計數還要高，如安化縣，1932～1937 年這六年平均輸出茶 112174 擔，〔註 72〕如以全省每年輸出為 40 萬擔計，安化的茶葉輸出就佔了全省輸出量的四分之一以上。儘管茶葉是湖南省重要的出口經濟作物，但是茶

〔註 69〕劉世超編：《湖南之海關貿易》，湖南經濟調查所 1934 年版，第四章，第 46～51 頁。

〔註 70〕實業部國際貿易局：《中國實業志》（湖南省），1935 年版，第四編，第 28、36、38、49 頁。

〔註 71〕劉世超編：《湖南之海關貿易》，湖南經濟調查所 1934 年版，第四章，第 59～60 頁。

〔註 72〕經濟部資源委員會、經濟部中央農業實驗所編：《湖南安化茶業調查》，1939 年版，第 8 頁。

葉出口真正對經濟起著重要作用的僅幾個縣，安化是其中之一。根據實業部國際貿易局的調查數據，安化、臨湘兩縣 1933 年的茶葉產量占到全省總產量的 66%。〔註 73〕另一項調查也表明，此二縣的茶葉產量占到全省茶葉總產量的 70%左右，安化、臨湘、平江、桃源、湘陰、醴陵等幾個主要產茶縣的茶葉產量占全省茶葉總產量的 95%以上。〔註 74〕因此，雖然茶葉商品化程度高，但是具有明顯的區域性。

湖南的棉花生產與輸出亦有區域性特點。雖然，「湖南各縣，皆有棉作」，但是「湘南湘東山巒重疊，土多黏重，雖有栽種，品質低下，產量微薄，尚不足農民衣被之資，全省主要棉產區域唯湘西濱湖十餘縣耳。」〔註 75〕因此，有棉花輸出的即是湘西和濱湖的這「十餘縣」。在海關的統計中，民國之前，湖南省的棉花罕有出口，僅 1903 年和 1904 年合計 2 萬關平兩價值。民國以後，湖南省棉花出口數增長較快，最高值為 1930 年的 48700 擔，價值達 1363968 關平兩。湖南棉事試驗場對 1930 年湖南棉花產量的估計數是 251340 擔，〔註 76〕如以此數為依據，則通過海關的湖南棉花出口數占總產量的 20%左右。從 1929 年至 1933 年湖南棉花出口數占總產量的比例如下表：

表 4.5：1929 年～1933 年湖南棉花總產量和海關出口量

年份	總產量（擔）	海關出口統計數（擔）	出口數占總產量百分比
1929	393800	13730	3.49
1930	251340	48700	19.38
1931	45292	13842	30.14
1932	199764	17756	8.89
1933	178092	4533	2.55
平均	213657.6	19712.2	9.23

資料來源：「海關出口統計數」來自劉世超編：《湖南之海關貿易》，湖南經濟調查所 1934 年版，第四章，第 63 頁；總產量來自孟學思編：《湖南的棉花與棉紗》，湖南省經濟調查所 1935 年版，第 6 頁。

〔註 73〕實業部國際貿易局：《中國實業志》（湖南省），1935 年版，第四編，第 64～67 頁。
〔註 74〕周源歧：《湖南茶葉之產銷及其前途（續）》，《金融匯報》1946 年第 25 期。
〔註 75〕孟學思編：《湖南的棉花與棉紗》，湖南省經濟調查所 1935 年版，第 2 頁。
〔註 76〕孟學思編：《湖南的棉花與棉紗》，湖南省經濟調查所 1935 年版，第 6 頁。

　　上表反映出 1929 年至 1933 年這五年間，湖南棉花出口數量起伏較大，造成了出口率也波動較大，高者達到 30.14%，低則僅 2.55%。但在 1923 年至 1928 年期間，湖南棉花出口數相對穩定，分別為 28907 擔、27683 擔、43420 擔、34202 擔、46789 擔和 31427 擔，〔註77〕平均為 35404.67 擔，按照實業部國際貿易局的調查，湖南棉花常年產量為 280619 擔，則棉花的出口率為 12.62%。因此，可以認為湖南省通過海關出口的棉花平均占總產量大約在 10% 左右。

　　通過海關運銷省外的棉花只占棉花商品化的一部分，省內消費亦是商品化的重要組成部分。位於長沙的湖南第一紡織廠是消費省內棉花的大戶，1931 年、1932 年、1933 年，該廠消費湖南本省棉花分別為 24939 擔、60763 擔和 39439 擔，〔註78〕都要超過海關出口數。事實上，湖南棉花的商品化還不僅是海關出口與湖南第一紡織廠的消耗數，具體的，我們可以見下表：

表 4.6：1930 年代前後洞庭湖濱各縣棉作產量及運銷量

縣別	總產量	運銷量	運銷地	運銷量約占產量百分比
岳陽	三萬餘石	為全產額三分之二	長沙、衡陽、平江	66.67
常德	七萬九千石	五萬石上下	洪江、漢口、長沙	63.29
澧縣	十五萬五千餘石	約十萬石	洪江、漢口、長沙、益陽	64.52
華容	七萬餘石	約五萬石	漢口、長沙	71.42
南縣	五萬餘石	三萬石以上	漢口、長沙、新化、安化、寧鄉、益陽、寶慶	60
桃源	二萬五千石	一萬石上下	洪江、漢口、長沙	40
安鄉	九千石	六千石	長沙、漢口、寧鄉	66.67

資料來源：佚名：《湘省濱湖各縣棉作調查報告》，《工商半月刊》1930 年第 1 期。

　　由上表可以看出，濱湖區重要的產棉縣所產棉花進入市場的比例普遍都在 60% 以上，這與湖北省棉花的商品化程度較為接近，兩者的區別在於棉花

〔註77〕劉世超編：《湖南之海關貿易》，湖南經濟調查所 1934 年版，第四章，第 63 頁。

〔註78〕實業部國際貿易局：《中國實業志》（湖南省），1935 年版，第七編，第 27 頁。

在湖北幾乎是全省性的經濟作物，而湖南則是區域性作物。

　　與棉花一樣，桐油亦是在近代以後成為湖南重要的出口經濟作物，但民國以後桐油在兩湖經濟作物出口的重要性逐漸超過棉花，甚至在民國中期後成為湖南出口的主要貨物，占出口總額的大部分。根據海關的統計數字，湖南桐油出口價值在民國初年占出口總價值不到 10%，但到了民國中期，比例達到了近 40%，最高達到了 1929 年的 44.93%。〔註 79〕桐油是湖南出口比例最高的農產品，據推測，湖南年產桐油約 60 萬擔，在省內消費不過一二十擔，百分之六十以上運輸出口。〔註 80〕

　　除了上述主要經濟作物，湖南省商品化程度較高的作物還有煙草、蓮子、苧麻、茶油等，但在湖南整體經濟中並不占重要地位。

　　整體來說，與湖北相比，湖南省農產品商品化程度相對較低，這主要是由湖南較為單一的農業結構造成的。稻穀是湖南省最主要的作物，同時亦是湖南人民的主食，即使有大量輸出，亦僅占產額之一小部分，商品率並不高。經濟作物雖然有較大發展，但顯然還無法與湖北省之經濟作物對全省經濟造成的影響相媲美，與商品經濟發達的江南地區相比，更是遠遠落後。這與湖南的自然條件和湖南近代工業（特別是輕工業）不發達有關，也說明近代湖南的經濟結構沒有突破明清以來所形成經濟發展的「路徑依賴」。

三、農業商品化背景下農戶的作物選擇

　　在經濟學中，「理性人」（或者「經濟人」）是一個基本假設，指的是追求利益最大化為目的而進行經濟活動的主體。在有關中國傳統小農經濟的研究中，「理性的小農」是一個較為熱門的視角。在黃宗智看來，中國的小農是三個方面密不可分的統一體，即「小農既是一個追求利潤者，又是維持生計的生產者，當然更是受剝削的耕作者」。〔註 81〕但事實上，小農以什麼樣的特徵出現，是有一定的歷史和社會經濟條件的。在研究小農經濟被認為是對立的兩種觀點——斯科特的「道義經濟」和波普金的「理性小農」——也並非全然對立。小農的經濟行為是否「理性」，通常以農戶在選擇作物時是

〔註 79〕劉世超編：《湖南之海關貿易》，湖南經濟調查所 1934 年版，第四章，第 15 頁。

〔註 80〕劉世超編：《湖南之海關貿易》，湖南經濟調查所 1934 年版，第四章，第 18 頁。

〔註 81〕黃宗智：《華北的小農經濟與社會變遷》，中華書局 2000 年版，第 5 頁。

否為了獲得利潤為標準，農戶選擇經濟作物通常是為了追求利潤，但如果說選擇糧食作物是為了優先保障生存，結論也過於簡單。在自然經濟時期，農戶的作物選擇可能更多是為了優先保障生存，而在農業商品化的過程中，情況就有些複雜。下文我們將以兩湖地區農業商品化為背景，討論農戶的作物選擇問題。

（一）農戶作物的選擇

20 世紀前半期兩湖地區雖然農村商品經濟有了較快發展，但糧食作物仍然是農業最優先的選擇，即使在經濟作物占重要地位的湖北省，糧食作物的種植面積較經濟作物高出許多。據估計，1936 年湖北省稻穀、小麥、大麥、玉蜀黍、甘薯這五種主要糧食作物種植面積為 45893700 畝，而主要經濟作物棉花、麻、茶、桐油四種主要經濟作物種植面積為 9043887 畝，僅為糧食作物種植面積的五分之一，這其中，棉花佔了大部分，為 8189825 畝。〔註82〕在湖南省，據實業部國際貿易局的調查，主要糧食作物稻、甘薯、小麥、大麥種植面積為 35358408 畝，茶、棉花、麻三種主要經濟作物種植面積 1892471 畝，僅為糧食作物二十分之一左右。同樣，棉花是種植面積最大的經濟作物，為 1023386 畝。〔註83〕這些數據無疑說明兩湖農民選擇作物時是以糧食作物為主的，但卻不能說明兩湖地區農戶選擇作物時優先考慮保障生存，也不能說明湖北的農戶比湖南的農戶更追求利潤。

作物的選擇首先和地理環境有關。我們在第一章已經提到，湖北省的地理環境相較於湖南省更適合棉花的生長，而湖南省最佳植棉區域為洞庭湖區，全省雖然亦是植棉的適宜區域，但出產的棉花質量不佳。即使在農業商品化發展得較為成熟的今天，棉花的種植在湖南依然不突出，2014 年湖南省棉花播種面積為 16 萬公頃（240 萬畝），僅為農作物總播種面積的 1.85%，稻穀的播種面積為 408.5 萬公頃（61275000 畝），〔註84〕二者差距懸殊。因此，對湖南的農戶來說，種植棉花有著巨大的風險，並非追求利潤的最佳選擇。

〔註82〕 湖北省政府秘書處統計室編：《湖北省年鑒（第一回）》，1937 年版，第 162、163、201、203、204 頁。

〔註83〕 實業部國際貿易局編：《中國實業志（湖南省）》，1935 年版，第四編，第 17、28、36、40、67、94、120 頁。

〔註84〕 湖南省統計局編：《湖南省統計年鑒（2014）》，網址：http://hntj.gov.cn/sjfb/tjnj/14tjnj/indexch.htm。

水稻作為湖南傳統的優勢作物，歷來不僅僅是作為湖南民眾的主食，亦是農戶現金收入的重要來源，從這方面講，選擇種植水稻不僅僅是農戶保障生存，亦是追求利潤的途徑。從各方面的資料看，湖南省的農戶並不缺乏追求利潤的進取心，特別是在人均耕地有限，且副業並不發達的情況下，只有通過土地獲得更多的收入才能維持家庭經濟。在洞庭湖區，棉花的種植形成一定的規模；在茶陵縣廟市鄉，大蒜是農民的主要收入（具體見第五章）；在善化梅花鄉的開福和吾美山，種植煙草的農戶「十居七八」；〔註85〕道縣以產黃豆著稱，豆的栽培面積約占田地總面積的三分之一；〔註86〕寧遠縣盛行種蔗，年可產糖二萬餘石。〔註87〕這些資料所涉及的區域有湘北、湘東、湘南、湘中，地形有平原區，有丘陵區，也有山區，這說明湖南省各地的農戶都會有追求利潤的行為。廟市鄉是一個非常典型的例子，該鄉位於茶陵縣城西北 25 里，是一個群山環繞的小盆地，距離湘贛公路 20 公里，交通不便。邏輯上講，廟市鄉應是農業商品化程度較低的地區。但事實上，該鄉的經濟作物所佔農產品的比例之高，不僅在湖南罕見，即使在整個兩湖地區，亦是高水平。在土改前，廟市鄉的大蒜種植面積為 600 畝，占全鄉耕地面積的 20%，棉花的種植面積為 450 畝，占耕地總面積的 16%，大蒜、棉花、生薑三種農產收入約占全鄉農民每年總收入的 44%左右。〔註88〕從抗戰前到土改前，大蒜、棉花的種植面積不停擴大，原因在於大蒜、棉花的收入要較水稻高出不少。生薑的種植面積在民國後期有所下降，抗戰前約為 100 畝，土改前降為 50 畝，原因是缺乏銷路。〔註89〕顯然，這裡的農民對市場有著較為靈活的反應。相較之下，湘北平原區、湘中丘陵區交通較為便利，擁有更好的市場環境，農民對市場信息的接收也更為方便，但這些地區農戶選擇作物時往往以水稻為主，經濟作物的比重較低。這是否說明了這些區域的農戶缺乏追求利潤的進取心呢？顯然不能。

〔註85〕佚名：《調查善化縣東鄉之煙草》，《實業雜誌》1912 年第 1 期。

〔註86〕陳光煊：《湘南十二縣農事調查》，《農業建設》1936 年第 4 期。

〔註87〕陳光煊：《湘南十二縣農事調查》，《農業建設》1936 年第 4 期。

〔註88〕湖南省土地改革委員會：《茶陵縣廟市鄉典型調查材料》，1952 年，湖南省檔案館藏，全宗號：145，目錄號：1，案卷號：125。

〔註89〕湖南省土地改革委員會：《茶陵縣廟市鄉典型調查材料》，1952 年，湖南省檔案館藏，全宗號：145，目錄號：1，案卷號：125。

圖 9　鄉村的瓜田（湖南湘潭，具體時間不詳）

說明：如這樣規模化的瓜田必然為商品化生產，但通常位於城市周邊。

資料來源：http://hpc.vcea.net/Asset/Preview/dbImage_ID-22208_No-1.jpeg。

　　湖南所產水稻商品化除了運往省外，還有相當部分用於省內調劑，如零陵縣產稻穀輸往寧遠、道縣、祁陽，永明縣輸往江華、道縣，新田縣輸往藍山、嘉禾，益陽輸往新化、安化，辰溪輸往麻陽，漵浦輸往新化、武岡、黔陽，芷江輸往會同、晃縣，澧縣輸往慈利、大庸桑植、永順等等。另據統計，湖南省穀米不足者共 31 個縣，所缺穀數，部分由雜糧補充，部分由鄰縣輸入接濟。〔註90〕同時，湖南農民也常以價值較高的米穀銷於市場，而以價值較低的薯、麥、玉米等為主要糧食，這是湖南常年有米穀出口的原因之一；此外，兩湖農民也如中國其他地區一樣常在收穫後立即出手糧食償還債務，以後又以高價購買糧食糊口，此類可通稱為黃宗智所說的「生存推動的商品化」。〔註91〕這說明稻穀在湖南農戶的眼中不僅僅是糧食作物，亦是一種經濟作物，農戶選擇種植水稻，出售稻穀換取現金購買雜糧，與選擇種植並出售經濟作物換取糧食，在動機上並沒有太大不同，最大的區別在於選擇經濟作物比選擇水稻需要承擔更大的風險。

〔註90〕曾賽豐、曹有鵬編：《湖南民國經濟史料選刊》，湖南人民出版社 2009 年版，第 456～459 頁。
〔註91〕黃宗智：《長江三角洲小農家庭與鄉村發展》，中華書局 2000 年版，第 105 頁。

　　湖北省的農戶在經濟作物的選擇上比湖南省的農戶積極得多。主要經濟作物棉花、煙草無論在種植面積還是種植範圍上都要超過湖南不少。原因在於，一方面，湖北在地理條件上比湖南省更適合經濟作物的生長。以棉花為例，「按棉之種植適宜於北緯四十度以南之地，本省極北緯北緯三十三度，故各縣幾無不以植棉為其主要農業。」〔註92〕另一方面，如我們在上文所論述，湖北省經濟作物在明清時期並不佔優勢，直到二十世紀後由於漢口近代工業的建立，經濟作物才出現井噴似的發展。因此，湖北農業作物結構的改變是近代工商業發展的結果，市場在其中起著決定性的作用。這種變化在民國建立後更加明顯，有調查者注意到，「（黃陂）顯而易見的變更，便是種花生種豆的人加多了，這是因為洋行的人收買的原故。」〔註93〕

　　有關民國時期湖北農戶的經濟行為，陳風波、丁士軍在對江漢平原的研究後認為，江漢平原的農戶選擇作物以糧食作物為主，較少種植經濟作物，農戶選擇種植棉花是一種「試探性」行為。這種行為目的在很大程度上是為了規避風險，維持最為基本的生活，而採取「安全第一」的原則。二位學者對此解釋是，江漢平原人均耕地的狹小、自然災害、市場價格波動和社會動盪等不確定性造成了農戶的這種經濟行為。〔註94〕但這個結論並不具有很強的說服力。對棉花種植面積常年居全國前三位的湖北省來說，農民種植經濟作物顯然不能用「較少」來形容。根據《湖北省年鑒》的數據，從1919年到1930年，湖北省棉花種植面積基本處於較快的增長之中，最高為1929年的11140773畝，大約要占到耕地總面積的五分之一以上。〔註95〕江漢平原則是湖北省棉花的主要產區，1936年湖北省棉花種植面積估計為8189825畝，其中嘉魚、漢川、天門、沔陽、潛江、監利、石首、公安、松滋、枝江、江陵11個江漢平原主要縣的棉花種植面積達到3210822畝，占湖北棉花種植總面積的39.21%，棉花產量1370867市擔，占全省總產量的43.72%。〔註96〕雖然

〔註92〕湖北省政府秘書處統計室編：《湖北省年鑒（第一回）》，1937年版，第198頁。

〔註93〕但一：《湖北黃陂農民生活》，《中國青年（上海1923）》1924年第23期。

〔註94〕陳風波、丁士軍：《農戶行為變遷與農村經濟發展：對民國以來江漢平原的研究》，中國農業出版社2007年版，第97～98頁。

〔註95〕湖北省政府秘書處統計室編：《湖北省年鑒（第一回）》，1937年版，第141、200頁。

〔註96〕湖北省政府秘書處統計室編：《湖北省年鑒（第一回）》，1937年版，第201～202頁。

在民國時期湖北省棉花種植面積出現較大波動，但這也可能是屬價格波動下正常的市場反應。選擇種植水稻也並不一定是出於「安全第一」的考慮，正如黃宗智指出的，「過去的研究常常斷言作為經濟作物的棉花，收益一定會高於水稻等糧食作物。但是這一推斷忽視了稻米也是高度商品化的作物。」〔註97〕在武昌縣青山區的晚稻由於質量較佳，市場價格高，故農民在收穫後，「自行礱舂，送往城市出售」，早稻則留作食用。〔註98〕

　　傳統的小農經濟，由於農戶對自然災害的抵抗力弱，同時因交通的落後導致市場信息不完善甚至缺乏，農民在選擇種植作物時不免採取「規避風險」的原則，選擇種植糧食作物，以保障家庭的生存。此外，另外有一些因素也會導致農民選擇種植糧食作物，比如抗戰期間，田賦採取「徵實」政策，又如地主如需要佃戶交納實物地租，也會促使佃戶大部分優先選擇糧食作物。

　　影響農民作物選擇的另一個重要因素是地理環境造成的耕地類型。水稻只適合水田，而經濟作物通常屬旱地作物。在湖南，水田占耕地總數的 65% 左右，〔註99〕湖北省的水田、旱地比在六比四左右。〔註100〕農民很少會將水田改造成旱地種植經濟作物，這是農民「規避風險」的一面。在兩湖，旱地較多的地區，經濟作物也較為發達。江漢平原雖然被稱為魚米之鄉，但並非水田占絕對優勢，根據《湖北省年鑑》的資料，嘉魚縣水田占 60%，旱地占 40%，漢川縣水田占 33.34%，旱地占 66.66%，沔陽縣水田占 50.13%，旱地占 49.87%，潛江水田占 38.71%，旱地占 61.29%。〔註101〕在旱地較多的地區，經濟作物的種植通常也較多，如下表：

表 4.7：1950 年江漢平原部分村莊耕地及作物情況　　　　（單位：畝）

村（鄉）名	水田	旱地	主要糧食作物	主要經濟作物
漢川縣城西區范家村	70.87	1600.788	稻 71.57；小麥 190.818；大麥 810.64	棉花 1033.36；蠶豆 496.44；芝麻 205；大豆 204.64
漢川縣城西區淤洲村	563.21	3061.78	稻 561.96；大麥 18.8；玉蜀黍 72.5；粟 205.74；高粱 507.51	棉花 1278.38；大豆 303.545；芝麻 168.21

〔註97〕黃宗智：《長江三角洲小農家庭與鄉村發展》，中華書局 2000 年版，第 82 頁。
〔註98〕佚名：《鄂省農業經濟狀況》，《中外經濟週刊》1926 年第 178 期。
〔註99〕實業部國際貿易局編：《中國實業志（湖南省）》，1935 年版，第 2 編，第 7 頁。
〔註100〕湖北省政府秘書處統計室編：《湖北省年鑑》（第一回），第 137 頁。
〔註101〕湖北省政府秘書處統計室編：《湖北省年鑑》（第一回），第 137～138 頁。

漢川縣城西區中會村	158.6	1513.96	稻 109.1；小麥 136.2；大麥 726.3；粟 131.4	棉花 780.82；芝麻 163.5；大豆 209.45；蠶豆 449.2
天門縣蘆市區太平鄉	1925.7	2828.5	稻 1925.7；小麥 467.2；大麥 445.6	棉花 145.5；芝麻 115.8；大豆 553.1；豌豆 139.9
天門縣蘆市區廟新鄉	73.8	5385	稻 37；小麥 1310.5；大麥 1717；小米 335	棉花 286；油菜 371；大豆 949
天門縣蘆市區東嶽鄉	234	5110	稻 234；小麥 1860；大麥 1200；小米 630	棉花 110；芝麻 670
公安縣城關區南平組維新鄉第八村	229.3	356.25	稻 157.3	棉花 280.85；蠶豆 243
公安縣黃金區第二行政村第4自然村	409.4	315.8	稻 92.3	棉花 163.3；蠶豆 135.5
嘉魚縣第一區沙河鄉第 1 行政村	123.3石	83.17 石	稻 123.3 石 3 斗；稻穀 123.3 石 3 斗，	棉花 5 石 3.6 斗；芝麻 36 石 3.57 斗；綠豆 18 石 4.9 斗；苧麻 11 石 9.8 斗；大豆 4 石 2.5 斗；蠶豆 17 石 7.8 斗
嘉魚縣第一區沙河 2 行政村	238.63石	61.34 石	稻 237.5 石；小麥 12 石 5 斗，大麥 13 石 1 斗	棉花 1 石 9 斗，芝麻 17 石 7 斗，油菜 4 石 6 斗，苧麻 14 石 7 斗
嘉魚縣陸溪區大崖第三行政村	72.035石	23.349 石	稻 72.035 石；小麥 13.755 石	棉花 2.195 石；苧麻 6.02 石；芝麻 5.075 石
沔陽縣第八區金家灣行政村	463.3	2170.8	小麥 475.8；大麥 342；稻 463.3；小米 273.2	棉花 162.5；芝麻 108.1；大豆 1295.5
沔陽縣第八區高家橋村	996	941.2	稻 996；小麥 144.7；大麥 164；小米 380	棉花 100；大豆 410；油菜 150
沔陽縣第八區潘家壪村	325.4	1060.3	稻 325.4；小麥 81.8；大麥 94.5	棉花 129.4；大豆 388；油菜 67.3
沔陽第八區救王臺行政村	576.5	1863.6	稻 576.5；小米 322.8；小麥 247.6；大麥 342.4；高粱 207.5	棉花 409.2；芝麻 132.8；大豆 697.4；油菜 94.8
潛江縣總口區23 個村	10740.4	23152.1	稻 10445.1；小麥 5750；大麥 6309.8；高粱 2085；	蠶豆 2779.8；棉花 2320.6；黃豆 8581.8；油菜 2751.7

監利縣城廂區城管鄉朱吳村朱吳臺（5 保）自然村	86.1	79.785	稻 86.1；小麥 16.55；大麥 19.7；	棉花 57.09

資料來源：《漢川縣各區 1950 年農業普查分類整理表》，SZ37-01-0589-001；《天門縣蘆市、徐黃、天北等區 1950 年農業普查分村、按戶調查表》，SZ37-01-0309-001；《公安縣 1950 年農業普查分區調查大綱及分村、按戶調查表》，SZ37-01-0568-001；《嘉魚縣 1──5 區農業普查一般縣行政村調查表》，SZ37-01-0593-001；《沔陽縣第八至九區 1950 年農業普查一般行政村級按戶調查表》，SZ37-01-0573-001；《監利縣城廂區城廂等鄉 1950 年農業普查分村按戶調查表》；SZ37-01-0580-001。

　　從上表看，經濟作物，如棉花在大部分村莊種植面積占旱地總面積的比例並不高，這可以說明旱地並非是農戶為了種植經濟作物由水田改造而來。農地類型對農戶選擇何種作物有很大的影響，在水田佔優勢的村莊（或鄉），水稻大都佔優勢。在 17 組數據中，有 12 組水田全部種植水稻。在這 17 組數據中，經濟作物主要是棉花、大豆、芝麻、油菜，蠶豆雖然有時候會充作食糧，但是大規模種植顯然是作為商品出售，因此亦可計入經濟作物。在旱地較多的區域，大小麥是主要糧食作物，還有一定面積的小米和高粱。這裡的大小麥，有可能是與水稻形成輪作，亦有可能單純在旱地上耕作。在經濟作物中，棉花、大豆、芝麻都是秋季作物（夏季種植），油菜則是夏季作物，可與棉花、大豆、芝麻三種作物形成輪作。在上表各村（鄉）中，主要秋季經濟作物（棉花、芝麻、大豆）種植面積占旱地面積的比例如下：漢川縣城西區范家村 90.14%，漢川縣城西區淤洲村 57.16%，漢川縣城西區中會村 76.21%，天門縣蘆市區太平鄉 28.79%，天門縣蘆市區廟新鄉 22.93%，天門縣蘆市區東嶽鄉 15.26%，公安縣城關區南平組維新鄉第八村 78.84%，公安縣黃金區第二行政村第 4 自然村 51.71%，嘉魚縣第一區沙河鄉第 1 行政村 69.67%（包括苧麻），嘉魚縣第一區沙河 2 行政村 55.92%（包括苧麻），嘉魚縣陸溪區大崖第三行政村 56.92%，沔陽縣第八區金家灣行政村 72.13%，沔陽縣第八區高家橋村 54.19%，沔陽縣第八區潘家壋村 48.8%，沔陽第八區救王臺行政村 66.51%，潛江縣總口區 23 個村 47.09%，監利縣城廂區城管鄉朱吳村朱吳臺（5 保）自然村 71.55%。除了天門縣的三組數據，其他村（鄉）秋季經濟作物占耕地面積幾乎都在 50% 以上，高者達到了 90%。這些數據都說明了江漢平原農業的商品化程度較高。農民在經濟作物的選擇上也並不單一，經營

較為多樣化，如果不是因為農民對市場信息的把握，很難出現這種情況。因此，江漢平原的農戶行為顯然不能以「安全第一」為原則來說明。雖然多樣化種植同時也是「規避風險」的一種方式，但也是一種理性的市場行為，並不能說明農戶在追求利潤上的消極。

鄂省旱地集中的北部，按《湖北省年鑒》的數據，1936 年主要縣的棉花種植占耕地面積和旱地面積比例如下表：

表 4.8：1936 年鄂北主要縣耕地、旱地及棉花種植面積 （單位：畝）

縣別	耕地面積	旱地面積	棉花種植面積	棉花種植面積占耕地總面積百分比	棉花種植面積占旱地面積百分比
棗陽	2430000	1710000	901301	37.09	52.71
襄陽	2760000	1650000	595889	21.59	36.11
光化	730000	580000	171953	23.56	29.65
宜城	580000	230000	133690	23.05	58.13
南漳	720000	220000	55320	7.68	25.15
隨縣	1160000	700000	399595	34.45	57.09
房縣	260000	200000	102895	39.58	51.45
均縣	210000	140000	35774	17.04	25.55

資料來源：湖北省政府秘書處統計室編：《湖北省年鑒》，1937 年版，第 137～138、201～202 頁。

從上表及對照《湖北省年鑒》的其他數據，鄂北諸縣雖然棉花種植面積額和棉花產額不如江漢平原，但是棉花種植面積占耕地面積及旱地面積的百分比卻是較高的，除了南漳縣和均縣，其他各縣的百分比都超過 20%，棗陽、宜城、隨縣、房縣的棉花種植面積要占到旱地面積的半數以上，如加上其他經濟作物，鄂北各縣的經濟作物種植面積百分比不比江漢平原遜色，甚至可能有所超過。〔註102〕就自然條件和社會環境而言，鄂北除了水災頻率要低於江漢平原外，其他風險（如旱災、兵災、「匪亂」等）發生率要高於江漢平原，特別是「匪亂」（「匪」包括土匪以及被誣稱的共產黨勢力），鄂北是高發地帶，

〔註102〕江漢平原各縣棉花種植面積占耕地總面積比例如下：天門 10.24%，沔陽 12.29%，潛江 38.72%，江陵 23.96%，嘉魚 9.59%，漢川 21.02%，監利 34.3%，石首 45.93%，公安 58.64%，松滋 40.09%，枝江 55.52%。參見湖北省政府秘書處統計室編：《湖北省年鑒》，1937 年版，第 137～138、201～202 頁。

社會風險要高於江漢平原，30 年代湖北省民政廳廳長孟廣澎視察鄂北的報告稱：「鄂北各縣有數處，因受匪患關係，人民遷移死亡，生殖不繁，人口減少，土地荒蕪。」如光化縣，地處豫鄂邊界，由於「豫西一帶，匪勢素著，……故被匪災亦較他縣為甚。東北之楊集、平安寨、秦家集，北鄉之袁沖、老龍廟，時為豫省股匪佔據蹂躪，擄人勒索的事情，常有所聞」；禮山縣，「民國以來，盜匪嘯聚山林，出沒無常，擄人勒贖，時時有之，人民已不能安居田裏。十五年以後，共匪橫行境內，殺人放火，貧富不能幸免，農村經濟破壞無餘，政府因急於戡定大局，僻隅邊境，鞭長莫及，人民流離失所，散之四方，轉徙溝壑，鮮不淪為餓殍」；襄陽縣「北區，連接豫南，人民情性強悍，兩省境域之區，匪徒出沒無常，搶奸燒殺，日有所聞，而至農村破產，人煙絕滅，考其原因，實兩省缺少聯剿辦法，每遇發生股匪，剿辦不易，數年來鄂軍迭次圍剿，匪則竄至豫境，致不能徹底肅清」。〔註103〕因此，如果說農戶因為高風險而選擇「安全第一」的作物的話，鄂北的自然、社會經濟條件更應該出現這種情況，但如我們所見，鄂北棉花的種植率很高，此外，其他經濟作物如煙草、大豆、芝麻等在鄂北亦有大量種植，總體來說該區域農業商品化的程度已較高。

綜上所述，農戶選擇何種作物，首先與地理條件及其在地理條件基礎上的耕地類型有關。明清時期，兩湖地區的作物以糧食作物為主，大體湖南及湖北大部分地區主要產稻，鄂北及山地產小麥及雜糧。在移民進入並開發兩湖之時，農民最先選擇糧食作物保證生存。隨著商品經濟的發展，作物結構逐漸發生變化。明清時期江南和華北商品化發展迅速，經濟作物的種植占去了很大部分的耕地面積，糧食作物需仰給外地，兩湖藉此成為當時最為重要的稻米輸出地之一。明清時期兩湖地區經濟作物雖有所發展，但與糧食作物仍存在較大的差距。19 世紀末到 20 世紀前半期，武漢工業迅速發展，特別是紡織業和麵粉業的發展，帶動了棉花和小麥的種植，湖北由此經濟作物也迅速發展，而湖南的工業發展程度較低，無法對棉花等經濟作物形成較大需求，故棉花種植發展較慢。從這些例子看，兩湖地區農戶的作物選擇顯然與兩省工商業的發展程度有著密切的關係。湖北工商業的發展直接帶動農業商品化

〔註103〕紫銘：《鄂北十三縣的現狀和今後應興應革的芻議》，《新鄂週刊》1934 年第 1、2、3 期。該刊另有文章對鄂北的匪情作了描述，如佚名：《鄂北近況》（1934 年第 4、5 期合刊），謝兆康：《鄂北之匪》（1934 年第 6 期）。

的發展，也使農戶的經濟行為更趨於市場化。從兩湖整體來說，農民的經濟行為並不缺乏經濟學意義上的「理性」，即使經濟作物並不發達的湖南省，也普遍存在著追求利潤的行為。但湖南省農業商品化程度不高，省內對經濟作物的需求有限，而外省特別是如江南這樣商品經濟發展程度較高的省份對糧食作物的需求量大，大量選擇種植糧食作物亦可認為是一種市場化的行為。當然，選擇糧食作物有著農戶考慮「安全第一」的方面，但也不能由此認為湖南的農戶是缺乏「市場理性」的。

（二）兩湖農民的「經濟理性」

「道義經濟學」的代表人物美國學者斯科特在研究馬來西亞吉打州穆達地區塞達卡村時，記錄了富人在聯合收割機引入村莊後的行為變化。在 1978 年聯合收割機引入塞達卡村之前，村莊裏的富人需要承擔伊斯蘭要求的慈善（包括札卡特饋贈、賽得卡饋贈以及筵席三種形式），[註104] 這些慈善活動為窮人的生存提供了幫助，同時，窮人們容易在農作物收穫期間找到短工工作並獲得較高的工資。但在聯合收割機引入村莊之後，情況發生了變化，富人們不願意再承擔這樣的義務，「絕大多數大種田戶欣然從舊有的收割體系轉向了新的體系。原有的體系使富人陷入一系列的對貧窮鄰居的傳統社會紐帶與義務當中，而在新體系中，只要同機器捐客簽署一個一次性的毫無人情味的合同就夠了。」[註105] 三種慈善形式是歷史悠久的伊斯蘭教傳統，但在短短幾年內被破壞殆盡，顯得頗為突兀。如果說在聯合收割機進入之前，塞達卡村還存在「道義經濟」的形式的話，那麼在其後，至少村裏的富人們已經拋開「道義」的約束，轉向「自利」了。那麼，我們是否可以說在聯合收割機進入前後，村莊裏的人具有「非理性」和「理性」的區別呢？

經濟學上的「理性」認為人是「自利」的，「經濟理性」就是經濟活動中的每個參與者都追求利益最大化，但通常認為傳統社會的農民不具有經濟理性。事實上，「自利」在經濟生活中是普遍存在的，即使在傳統社會不以追求利潤最大化為目的，背後也常有「自利」的動機。以塞達卡村為例，村莊「道義經濟」的崩塌是不同形式「自利」的結果。在聯合收割機引入之前，富人

〔註104〕（美）斯科特著，鄭廣懷、張敏、何江穗譯，郭於華、邱建立校：《弱者的武器》，譯林出版社 2011 年版，第 207～218 頁。

〔註105〕（美）斯科特著，鄭廣懷、張敏、何江穗譯，郭於華、邱建立校：《弱者的武器》，譯林出版社 2011 年版，第 191 頁。

們在收割時期需要雇傭大量的窮人來幫助完成收穫，在農忙時節，勞動力會出現短缺，富人們的慈善的目的很大程度上是為了建立起自己的聲望，從而能在雇傭勞動力方面建立優勢。換言之，「道義經濟」是一個表面上是以「互惠」為核心的體系，從根本上說仍然是以「自利」為基礎的，因此，當一種對富人更有利的生產方式出現時，傳統的「互惠」體系迅速崩塌也就在情理之中了。

傳統農民的保守性在全世界範圍內基本都是一致的，「在傳統的社會裏，革新是一種富人的奢侈品，普通農民是無法企及的。」〔註106〕這種保守性在很大程度上源於傳統社會信息獲得的不易。在無法獲知風險的情況下，農民在經濟行為上必然傾向保守選擇，以「安全第一」為原則。但是斯科特也承認，「安全第一」並不意味著農民排斥市場，「當旱季作物、新種子、種植技術以及市場生產等新事物提供了明確的、實質上的收益並且對生存安全沒有風險或風險不大時，人們會看到農民是衝在前面的。然而，安全第一確實意味著，圍繞著日常的生存問題，有一個防禦圈。在防禦圈內，要避免的是潛伏著大災難的風險；在圈外，盛行的是資產階級的利潤計算。」〔註107〕換言之，農民在信息較為充分的條件下會顯示其追求利潤的一面。

在兩湖，各地獲取的信息是不一致的。分省而言，湖北省由於交通的優勢，市場發育也較為充分，劉大鈞所言「業農者對於出產上多不注全力於稻糧，而汲汲經營絲、麻、茶、棉、油、漆等業」，〔註108〕便是湖北交通優勢下的成果。湖南省由於交通不如湖北便利，農戶在市場信息的接收方面較湖北居於劣勢。在獲得市場信息渠道較為不便的情況下，農民選擇既可食用又可通過出售獲取利潤的糧食作物是容易理解的。

傳統小農獲取信息的方式通常有兩種，一是通過基層市場和中間市場（農村集市、市鎮等），二是通過中間商人。施堅雅的研究認為，中國傳統市場模式是正六面型結構，一個基層市場周圍圍繞18個左右的村莊，是這些村莊的市場信息中心。中間市場亦是周圍標準市場和鄉村的信息中心，農村通過中心市場輻射出來的市場信息來掌握市場行情，因此，中心市場的商業類型往

〔註106〕（法）孟德拉斯著，李培林譯：《農民的終結》，中國社會科學出版社 1991年，第47頁。

〔註107〕（美）斯科特著，程立顯、劉建等譯：《農民的道義經濟學：東南亞的生存與反叛》，譯林出版社 2001年版，第30頁。

〔註108〕劉大鈞：《我國佃農經濟狀況》，太平洋書店，1929年，第82頁。

往對周邊農村農戶的作物選擇產生重要影響。在湖南，一些重要的市鎮都是歷史形成的糧食集散中心，擁有不少的糧食商行或者與糧食有關的商行，如據實業部國際貿易局的調查，湘潭縣穀米雜糧業商店 26 家，花糧行業商店 19 家，此外還有糧棧 25 家，總數為各行業店鋪之首（單一行業店鋪以藥材行 60 家最多）。〔註 109〕衡陽縣有糧食店 112 家、雜糧店 37 家，為各行業之首，同時，衡陽有煙絲店 22 家。〔註 110〕這些中心市場在農產品的交易中通常以糧食作物為主，向周邊農戶反饋的市場信息便是以稻穀為主要產品的糧食作物的市場情況，同時，一些經營經濟作物的行業雖非主要行業，但是因為有市場存在，農民在種植作物的選擇上就有所反饋，比如衡陽的煙絲店較多，該縣亦是湖南主要的煙草產地，出產的煙草有「衡煙」之稱。湘潭縣有花糧兼營的店鋪，該縣鄉村及周邊縣亦有少量棉花種植。

湖北省在明清時期也是重要的稻穀輸出省份，在各市鎮已經形成糧食市場。清末，由於武漢近代工業的發展，對棉花形成爆炸性需求，在省內各地也形成了一些棉花中心市場。湖北的優勢在於交通，特別是江漢平原，幾乎每一縣的重要市鎮都是一個棉花集散市場，並通過這些市場輸往漢口。比如漢川縣，「各市鎮較為繁榮者，多仰賴花糧商業」；嘉魚縣，「輸出品以棉花苧麻為大宗」；潛江縣，「南鄉之浩口，北鄉之張港為較大集鎮……商業以行戶占多數，棉麥客商多由此起運」；天門縣「縣城及岳口、皂市……貨物易於運輸，故營業日形發達。以棉花及匹頭號為最多」；沔陽縣「新堤、仙桃兩鎮商業資本額在五萬以上，約有八九家。……輸出貨物以絲繭棉花黃豆為最多，稻及雜糧次之。各市鎮之較為繁榮者，多賴絲繭棉花業。」〔註 111〕這些市鎮通過反饋區域中心市場（比如漢口）的市場信息形成穩定的信息源，使農民較為容易從中獲取農作物市場價格，從而做出作物選擇。

秦暉的研究認為，中國「在自然經濟成分很大的『傳統』時代，農民對市場信號的心理反應是頗為『正常』的；而當他們越來越走向現代化並置身於市場經濟中時，『反常』的心理反應卻日益頻繁地發生了。」對市場信號的

〔註 109〕實業部國際貿易局編：《中國實業志（湖南省）》，1935 年版，第三編，第 123 頁。

〔註 110〕實業部國際貿易局編：《中國實業志（湖南省）》，1935 年版，第三編，第 217 頁。

〔註 111〕湖北省政府民政廳編：《湖北縣政概況》，1934 年版，第 648 頁、第 256 頁、第 886 頁、，第 762 頁、第 812 頁。

心理反應所謂的「正常」，是農戶的行為符合經濟學中的供求規律，而「反常」則是背離規律。在傳統時代，「反常的心理反應」只有在一種特殊情況下才產生，即「生產者純粹『為出售而生產』，完全沒有替代性產品，而出售的目的又純粹是為糊口。」〔註 112〕這種類型被秦暉稱為「賣炭翁」型經濟（因唐詩《賣炭翁》中主人公符合這種類型命名）。但「賣炭翁」型經濟是一種手工業經濟，農業中幾乎不會產生。兩湖同樣是這種情況，在市場信息較為充分的條件下，兩湖的農民的經濟行為是符合「經濟理性」的。以此可知，只要市場經濟健康發展，農民自然會通過他們自己的選擇找到合適的發展道路，這是歷史的啟示。

〔註 112〕秦暉：《市場的昨天與今天：商品經濟‧市場理性‧社會公正》，東方出版社2012 年版，第 157、159 頁。

第五章　兩湖地區農民的生活

　　關於近代以來中國的農村經濟，20 世紀 80 年代以來國內的學術界有「倒退說」、「停滯說」、「發展說」三種觀點，[註1] 而關於農民生活，學界的主流觀點認為近代農村是普遍貧困的，包括一些持發展論觀點的學者，比如徐秀麗認為我國近代的糧食畝產已經大致恢復到清盛世水平，但「農民生活以及全體人民的生活無疑是十分貧窮的」。[註2] 近十幾年來，有一些學者提出了不同的觀點，比如慈鴻飛認為上世紀 30 年代華北的農民人均收入相當於 90 年代全國農民的年均純收入，鄭起東則認為民國時期華北農民的生活出現了改善的趨勢，在衣食住用的演變上都體現了農民生活水平的提高，消費結構和消費水平接近於 19 世紀的法國、20 世紀的波蘭。這些觀點引起了較大爭議，一些學者如劉克祥、夏明方等提出了商榷甚至是頗為尖銳的批評。[註3] 這說明近代以來農民生活亦是個較為複雜的問題，不能以「貧困」來加以概況。兩湖作為當時中國經濟中等發展水平的地區，深入研究農民生活問題對認識近代以來中國農民的生活狀況具有重要的意義。

〔註 1〕對這三種觀點的總結與評價，參見張麗：《關於中國近代農村經濟的探討》，《中國農史》1999 年第 2 期。

〔註 2〕徐秀麗：《中國近代糧食畝產的估計——以華北平原為例》，《近代史研究》1996 年第 1 期。

〔註 3〕參見慈鴻飛：《二十世紀前期華北地區的農村商品市場與資本市場》，《中國社會科學》1998 年第 1 期；鄭起東：《近代華北的農業發展和農民生活》，《中國經濟史研究》第 1 期；劉克祥：《對〈近代華北的農業發展和農民生活〉一文的質疑與辨誤》，《中國經濟史研究》2000 年第 3 期；夏明方：《發展的幻想——近代華北農村農戶收入狀況與農民生活水平辨析》，《近代史研究》2002 年第 2 期。

一、農民的收支結構——以土改調查中的中農為例

近些年來，有不少學者通過深入研究農家的收支狀況來認識近代以來農民生活水平，但是研究的區域具有明顯的不平衡性，集中在華北和江南地區。此外，全國性及其他區域的研究亦有一定數量的論著問世。〔註4〕就本文所涉及的兩湖地區而言，涉及農民收支狀況的研究較為少見。〔註5〕華北和江南地區研究較為集中的主要原因之一是這兩個區域資料較為豐富，在 20 世紀二三十年代有大量的農村調查數據可供使用，著名的如李景漢的定縣調查、日本滿鐵的農村調查等，而其他區域這樣系統的調查較為缺乏。目前就全國而言，能讓我們瞭解民國時期各地農戶家庭經濟狀況的系統性資料，非土改調查資料莫屬。本文所使用的材料就是以土改時對兩湖地區中農的家庭經濟調查數據為主。按照土改時的劃分標準，中農大部分是佔有土地並靠自己勞動來維持生活的自耕農，〔註6〕是農村中的中產階層。通過對中農的分析，我們一則

〔註4〕 華北的研究除前述鄭起東、劉克祥、夏明方的論爭外，另有傅建成：《二十世紀上半期華北農村家庭生活費用分配結構分析》，《中國農史》1994 年第 3 期；侯建新：《民國年間冀中農民生活及消費水平研究》，《天津師大學報》2000 年第 3 期；郭謙、王克霞：《20 世紀二三十年代山東農家收支狀況及其影響》，《山東經濟》2006 年第 6 期；李金錚：《收入增長與結構性貧困：近代冀中定縣農家生活的量化分析》，《近代史研究》2010 年第 4 期。江南的研究如曹幸穗：《舊中國蘇南農家經濟研究》，中央編譯出版社 1996 年版；周中建：《二三十年代蘇南農家收支狀況研究》，《中國農史》1999 年第 4 期；郭愛民：《二十世紀二三十年代長三角農家收支、淨餘率與商品率的計量考察：來自吳江開弦弓村的經濟分析》，《社會科學（上海）》2010 年第 8 期；等等。全國性的研究如王玉茹、李進霞：《近代中國農民生活水平分析》，《南開經濟研究》2008 年第 1 期；張東剛、關永強：《1930 年前後中國農家收支狀況的實證分析》，《華中師範大學學報（人文社會科學版）》2009 年第 3 期；關永強：《近代中國農村收入分配與消費差異研究》，《安徽史學》2009 年第 4 期。其他區域的如黃正林：《民國時期甘肅農家經濟研究——以 20 世紀 30～40 年代為中心》，《中國農史》2009 年第 1、2 期，等等。

〔註5〕 就筆者所見，涉及近代兩湖地區農戶收支狀況的研究主要是李金錚的《近代長江中游地區農家的收支對比及其相關因素——以 20 世紀 20～40 年代為中心》，載《學海》2002 年第 4 期。另有其他時期的如閆富東：《清代江漢平原普通農戶收入狀況分析》，《中國社會經濟史研究》1999 年第 1 期；常明明：《20 世紀 50 年代前期中國農家收支研究——以鄂、湘、贛 3 省為中心》，《中國經濟史研究》2008 年第 1 期。

〔註6〕 土改時，中共對中農的劃分標準是：「中農許多都佔有土地。有些中農只佔有一部分土地，另租入一部分土地。有些中農並無土地，全部土地都是自己租入的。中農自己都有相當的工具。中農的生活來源全靠自己勞動，或主要靠自己

可以瞭解兩湖農村中自耕農的經濟狀況，二則可以結合民國其他調查資料，深入認識占農村絕對部分的中農以下階層（主要為貧農、雇農）的生活水平，並以此推斷出民國時期兩湖地區農戶的一般生活水平。

　　根據中南軍政委員會土地改革委員會的調查數據，抗日戰爭前，湖北二十個鄉中農占總戶口的 33.57%，湖南十五個鄉中農戶占總戶口的 29.59%。從抗戰前到共和國成立，中農的比例總體上變化不大，1948 年，湖北中農戶比例為 31.70%，湖南為 32.97%。中農的佔地比例與其戶口比例相當。1948 年，湖北二十個鄉、湖南十五個鄉的中農的耕地分別占所調查區域總耕地的 31.91%、29.77%。從人均耕地上看，中農佔有耕地不多，湖北、湖南分別是 2.05 畝和 1.51 畝。〔註7〕此數與 30 年代土地委員會所調查的鄂湘兩省總人均耕地相當，但略低於農民人均耕地。〔註8〕

（一）兩湖地區中農的收入結構

　　農業無疑是農民最主要的收入來源，但是由於兩湖地區人均耕地並不足以維持家庭的生計，副業勞動也異常重要。在一些耕地嚴重缺乏的地區，副業甚至成為農戶主要的生產活動，如湖北京山縣境內範家嶺，「該村由於受地理的限制，人煙稠密，耕地較少，平均每人不到半分地。范鵬程是范家嶺最大的戶，也只有三十多畝地，全家十幾人，人平沒有三畝地。因而范家嶺的人，光靠種田，是難以維持生活的。為了生活，每家都經營著一種或幾種常年副業或季節副業，以補耕地收穫之不足。……人稱范家嶺為小漢口。其中以開粉坊的為最多。由於人們農兼商搞得好，副業門路多，相應的人們的生活比較富裕，連最窮的范正舉也不愁吃穿。」〔註9〕

　　不同的經濟條件會對農戶的收入結構產生重要影響，我們看下面的表格：

　　勞動。中農一般不剝削別人，許多中農還要受別人小部分地租債利等剝削。但
　　中農一般不出賣勞動力。另一部分中農（富裕中農）則對別人有輕微的剝削，
　　但非經常的和主要的。」參見《怎樣分析農村階級》，人民出版社 1963 年版，
　　第 7 頁。

〔註7〕中南軍政委員會土地改革委員會：《中南區一百個鄉調查統計表（內部資料）》，
　　　　1953 年版，第 12、14、36、38 頁。

〔註8〕土地委員會調查的數字是：湖北人均耕地 1.91 畝，湖南 1.66 畝；湖北農民的
　　　　人均耕地是 2.51 畝，湖南 2.78 畝。參見土地委員會：《全國土地調查報告綱要》，
　　　　1937 年版，第 23、24 頁。

〔註9〕范守佐：《莊秀山浩劫范家嶺》，中國人民政治協商會議京山縣委員會文史資料
　　　　研究委員會編：《京山文史資料》第 6 輯，1987 年版，第 51 頁。

表 5.1：1948 年湘鄂兩省各地區普通中農收入結構 （單位：折合稻穀市斤）

省別	地區類型	農業收入	副業收入	特產收入	總收入	副業收入占總收入百分比
湖北	平原地區 5 個鄉	291416	49793		341209	14.59
	丘陵地區 6 個鄉	282093	127239	6508	415839	30.59
	山區 2 個鄉	128527	4467		132994	3.6
	湖區 1 個鄉	49737	8259		57996	14.24
	總計	751772	189758		948038	20.14
湖南	平原地區 2 個鄉	140598	36245		176843	20.49
	丘陵地區 8 個鄉	318894	174936		493830	35.42
	山區 3 個鄉	113740	80460		194200	41.43
	總計	573232	291641		864873	33.73

資料來源：中南軍政委員會土地改革委員會編：《中南區一百個鄉調查統計表（內部資料）》，1953 年版，第 286～289 頁。

先從副業說起。從表中看，總體上，湖南中農的副業收入在總收入中的比重要遠超過湖北，其中原因，當是湘省中農的人均耕地低於鄂省。一則，以湘省中農的人均耕地水平，需要更多的副業收入才能維持家庭成員的生活，二則由於土地少，湘省的中農相比於鄂省中農，有更多時間花在副業上，從而得到更多的副業收入。從自然環境上看，各類型地區副業收入比重，除了鄂省平原區與湖區相當外，其他相差較大。值得注意的是，同樣是山區，兩省中農副業收入比重相差懸殊，由於缺乏資料，未知其中緣由。

中國農村傳統的副業如飼養家畜、紡織等，在兩湖農村亦是普遍的副業。「湖南省農家副業分布以飼養家畜最為普遍，幾乎無縣無之」，除此之外，各地根據自身不同的自然條件和社會經濟環境有不同的副業，如「湘中各縣之紡紗織布，洞庭湖沿岸各縣之捕魚採蓮，湘東瀏醴一帶之鞭炮夏布，湘南各縣之造紙張，湘西之製油，均素負盛名。」[註 10] 在湖北，農村副業中，除飼養家畜外，以紡織最為普遍，漁業其次，其餘有養蠶、挑販、砍柴、駕船等，皆非普遍之副業。[註 11] 一般情況下，飼養家畜、紡織等普遍副業收入

〔註 10〕實業部國際貿易局：《中國實業志（湖南省）》，1935 年版，第二編，第 85 頁。
〔註 11〕湖北省政府秘書處統計室編：《湖北省年鑑》，1937 年版，第 154～159 頁。

並不高，「只能提供油鹽衣料零星費用。」〔註12〕而基於某些自然資源或技能的副業則收入較高，比如湖北省鄂城縣鄧平鄉大塊地村中農王波雲承租湖業，1948 年打魚、打荷、挖藕副業收入折合稻穀 1100 斤，占家庭總收入的21.5%，紡織、養豬、養雞的收入合計僅折稻穀 700 斤。同村的貧農王大琴為本族看公山得收入折穀 2575 斤，佔了家庭收入的 37%，〔註13〕這裡的收入應該並非單指工資。另如瀏陽縣三口鄉中農何海山 1936 年做木工收入折穀 3200斤，占總收入的 50.07%。〔註14〕對鄧平鄉 9 戶典型中農的調查顯示，副業收入占家庭總收入百分比最高的為王波雲，為 35.1%，副業項目為紡織、養豬、養雞、打魚挖藕打荷葉；最低的為牛衷昇，占 2.1%，副業僅為紡織一項。〔註15〕值得一提的是姚家湖村中農鄒少亭，其父在武昌裕華紗廠當工人，1948 年收入折穀 9000 斤，佔了家庭收入的近七成，農業收入僅佔了二成強（本年其田地受水淹大減收），農業在鄒家反倒成了「副業」。鄒家在 1948 年有 8 口人，有耕地 15.19 畝，人均 1.9 畝，略低於上文提到的湖北省中農人均耕地，但「生活一貫富裕」，在土改前期一度被劃為富農。從這方面來說，工業上的工資收入相對於農業收入是有絕對優勢的，費孝通對吳江開弦弓村的研究表明，村中蠶絲工廠工作的婦女因工資收入提升了地位，以至於她們的丈夫或父親不得不犧牲他們的權威，〔註16〕另如江蘇太倉縣遙涇村有一戶僅擁有 2.6 畝耕地的10 口之家，有四人進當地的紗廠工作，「生活水平甚至高於村中耕地較多的富農」，另有一戶完全沒有耕地的人家，夫妻雙雙進廠工作，「生活較村中的中農為優」。〔註17〕這些例子反映出發展工業對增加農民收入的意義。

　　再來看農業收入。稻穀是兩湖農產品的大宗，除了旱地占多數的鄂北及山區，稻穀在農民的實物收入中占絕對優勢，如黃陂縣方梅區 122 農戶各項

〔註12〕湖南省土地改革委員會：《茶陵縣廟市鄉典型調查材料》，1952 年，湖南省檔案館藏，全宗號：145，目錄號：1，案卷號：125。

〔註13〕《關於（鄂城縣第一區）鄧平鄉土改後經濟調查報告之三——九戶典型中、貧農經濟情況》，1952 年，湖北神檔案館藏，檔案號：SZ37-01-0042-001。

〔註14〕湖南省土地改革委員會：《瀏陽縣三口鄉調查材料》，1952 年，湖南省檔案館藏，全宗號：145，目錄號：1，案卷號：93。

〔註15〕《關於（鄂城縣第一區）鄧平鄉土改後經濟調查報告之三——九戶典型中、貧農經濟情況》，1952 年，湖北神檔案館藏，檔案號：SZ37-01-0042-001。

〔註16〕費孝通：《江村經濟》，商務印書館 2001 年版，第 198～199 頁。

〔註17〕曹幸穗：《舊中國蘇南農家經濟研究》，中央編譯出版社 1996 年版，第 138～139 頁。

作物產量比例，稻穀為 74.62%，大麥為 8.81%，小麥為 4.98%，花生為 4.56%，蔬菜為 2.33%，蕎麥為 1.24%，棉花為 0.41%，其他（包括豆子、芝麻、蘿蔔、高粱等）為 1.81%。〔註 18〕

　　湖南省更是稻穀的生產大省，在民國時期仍然有大量輸出，30 年代，通過長沙、岳州海關輸出的湘米最高達 1323454 擔。〔註 19〕因此，稻穀不僅是湖南農民的主食，更是現金收入的來源之一。但從經濟價值上來說，稻穀不如經濟作物高。隨著近代以來農村商品市場的發展，兩湖地區農戶也越來越重視經濟作物的種植。特別是湖北省，經濟作物的收入在農民的收入結構中佔有較高的比重。以 1948 年鄂城鄧平鄉幾戶中農為例，牛家灣農民牛衷昇有水田 4.85 畝，收稻穀 2878 斤，畝均 593.4 斤，地 5 畝，棉麥合計折穀 3113.50 斤，畝均 622.7 斤；王家院子農民王永懷，有水田 3.9 畝，全年收穀 2681 斤，畝均 687.4 斤，地 6.55 畝，棉麥折穀 5174 斤，畝均 789.9 斤。這兩家農戶的旱地畝均收益都超過水田，棉花在其中起到了決定性的作用。同樣，經濟作物收入在湖南一些農戶的收入結構中佔有相當的比重，如茶陵縣廟市鄉經濟作物中，以大蒜、棉花、生薑為大宗，「大蒜平均年產廿萬斤，約折合稻穀六十萬斤。棉花平均年產皮棉花二萬四千斤，約折合稻穀廿萬斤。生薑平均年產十五萬斤，約折合稻穀十五萬斤。三種綜合起來年產總值稻穀九十萬斤。」全鄉糧食作物平均總產量（包括稻穀、紅薯、毛芋）約折合稻穀一百二十萬斤，經濟作物的收益相當於糧食作物的 75%。〔註 20〕我們具體地來看幾個中農的例子。

表 5.2：1948 年茶陵縣廟市鄉 9 戶典型中農收入結構（單位：折合稻穀市斤）

戶主	農業收入			占總收入百分比	副業收入	占總收入百分比	總收入
	糧食作物	經濟作物	合計				
譚運連	5912	2713	8625	82	1890	18	10515
譚次生	3249	2067	5316	85	935	15	6251
周承恩	3977.5	2288	6265.5	88.1	850	11.9	7115.5

〔註 18〕中央人民政府農業部計劃司編：《兩年來的中國農村經濟調查彙編》，中華書局 1952 年版，第 267 頁。
〔註 19〕朱西周編：《米》，中國銀行經濟研究室 1937 年版，第 149 頁。
〔註 20〕湖南省土地改革委員會：《茶陵縣廟市鄉典型調查材料》，1952 年，湖南省檔案館藏，全宗號：145，目錄號：1，案卷號：125。

劉回生	4167	1200	5367	86.1	865	13.9	6232
劉武俅	6538	4652	11190	95.7	500	4.3	11690
譚順連	3173	2691	5864	86.9	460	7.3	6324
譚石仔	3844	1725	5569	89.1	680	10.9	6249
鄧官生	3954	1940	5894	87.9	808	12.1	6702
譚送生	4497	1686	6183	88.3	833	11.7	7106
平均	4367.9	2329.1	6697	88.5	869	11.5	7566

資料來源：湖南省土地改革委員會：《茶陵縣廟市鄉典型調查材料》，1952年，湖南省
　　　　　檔案館藏，全宗號：145，目錄號：1，案卷號：125。

說明：糧食作物包括稻穀、紅薯、毛芋；經濟作物包括大蒜、棉花、生薑，其中以大
　　　蒜為大宗；7戶副業為養豬，其餘兩戶不明。

　　這9戶中農，在1948年總共擁有耕地75.8畝，人口總計45人，人均耕
地1.68畝，大致相當於湖南省中農總體上擁有的人均耕地。但是，在家庭總
收入中，副業收入所佔比重遠遠低於表5.1提到的平均水平，這是因為經濟作
物的種植能獲得較高的收入。9戶中農經濟作物種植的具體情況如下表：

表5.3：1948年茶陵縣廟市鄉九戶典型中農種植經濟作物情況

農戶	大蒜		棉花		生薑		總計收益（折穀斤）	占家庭總收入百分比
	種植面積（畝）	收益（折穀斤）	種植面積（畝）	收益（折穀斤）	種植面積（畝）	收益（折穀斤）		
譚運連	1.6	1950	1	763			2713	25.8
譚次生	1.5	1500	1	567			2067	33.1
周承恩	1.7	1500	1.4	688	0.1	100	2288	32.2
劉回生	1.2	1200					1200	19.3
劉武俅	2	3000	2	1652			4652	39.8
譚順連	1.2	1800	1	891			2691	42.6
譚石仔	0.6	720	1	745	0.2	260	1725	27.6
鄧官生	0.8	900	0.8	500	0.3	500	1940	28.9
譚送生	1	1200	0.8	486			1686	23.7
戶均	1.29	1522.22	1	699.11	0.067	95.56	2329.11	30.8

資料來源：湖南省土地改革委員會：《茶陵縣廟市鄉典型調查材料》，1952年，湖南省
　　　　　檔案館藏，全宗號：145，目錄號：1，案卷號：125。

　　從表中看，9 戶中農中，經濟作物收入占家庭總收入最高的達到 42.6%，最低者也有 19.3%，總體上，這 9 戶中農有三成的家庭收入來自經濟作物，對湖南農戶來說，這是相當可觀的數字。但是，我們將這 9 戶中農的經濟收入與上文提及的廟市鄉總體情況做比較，就會發現，這 9 戶中農經濟作物占家庭農業總收入的 34.78%，要低於廟市鄉總體 44% 的總體水平。換言之，中農在經濟作物的投入要低於其他一些階層。廟市鄉全鄉人均耕地 1.51 畝，是土地較為缺乏的地區，通常情況下農民需要從土地外獲取維持家庭生計的收入，但是該鄉的副業和手工業並不發達，土改前這兩項收入僅占全鄉農民總收入的 11% 左右，大大低於表 5.1 中湖南省的平均水平，這意味著廟市鄉的大部分農戶仍然需要從土地中獲取維持家庭生計的收入。該鄉單位面積稻穀平均產量為 520 斤，「大蒜單位產量約五百斤，而每百斤即能換穀三百斤，較種植稻穀收益加倍」。中農的經濟條件較好，在種植糧食作物的同時，尚有能力經營高成本的大蒜種植，但對土地更少、經濟條件較差的貧農來說，缺乏這樣的條件。迫於生存的壓力，為了獲取大蒜的高利潤，貧農可能會減少甚至放棄糧食作物的種植，這將大大提高經濟作物在他們收入結構的比例。

　　廟市鄉與上文提及的湖北京山縣范家嶺的農民的收入結構在兩湖雖不具普遍性，但具有典型性，它們代表兩湖一些嚴重缺乏耕地的地區增加農戶家庭收入的兩種方式，一是擴大經濟作物的種植，二是擴大副業的經營，兩者都與市場直接關聯。近代兩湖地區的工業雖然有所發展，但是發展有限，且分布極不平衡，因此，儘管工業工資收入相對於農業收入有較大優勢，但是只有極少部分的農民有機會在工廠就業。絕大多數的少地農戶，只有通過農村商品市場來實現家庭收入的擴大，這也是學界提出「市場經濟應是我國農村經濟的唯一取向，捨此沒有出路」〔註 21〕的原因。總體上說，湖南中農在經濟作物上的投入不如湖北。以二省平原區為例，1948 年湖北省 5 個鄉中農的旱地產量占到全年總收入的 38.11%，而湖南省 2 個鄉僅為 5.11%。〔註 22〕顯然，湖北平原區以棉花為主的旱地經濟作物占到了中農總收入中相當大的比重。

　　兩湖各地農戶根據不同的自然條件和社會經濟環境，收入結構亦會有所

〔註 21〕 慈鴻飛：《二十世紀前期華北地區的農村商品經濟與資本市場》，《中國社會科學》1998 年第 1 期。
〔註 22〕 中南軍政委員會土地改革委員會：《中南區一百個鄉調查統計表（內部資料）》，1953 年版，第 286～289 頁。

不同，但通常來說，湖南省農戶的收入中，糧食作物占絕對優勢，但是由於人均耕地少，副業成為家庭收入最重要的補充；湖北的中農收入中，雖然糧食作物亦占主要地位，但不占絕對優勢，經濟作物和副業對家庭收入具有同樣重要的作用。

（二）兩湖地區中農的支出結構

作為農村中的中產階層，中農沒有能力消費奢侈品，也不似下層的貧農要把相當一部分收入用作繳納地租。中農的家庭支出主要生活支出、納稅、生產投資及其他諸如教育投資、人情往來、醫藥等非常規支出。

表 5.4：1936 年、1948 年兩湖普通中農家庭支出結構　　　（單位：%）

省別	年份	生活支出		納稅		生產投資		其他支出	
		占總收入	占總支出	占總收入	占總支出	占總收入	占總支出	占總收入	占總支出
湖北省	1936 年	63.74	76.01	5.37	6.41	0.84	1.01	12.71	16.57
	1948 年	66.09	70.27	15.15	16.10	0.66	0.71	12.15	12.92
湖南省	1936 年	79.85	82.02	5.55	5.84	5.01	5.14	6.81	7.00
	1948 年	80.00	77.12	9.27	8.93	5.21	5.02	9.26	8.93

資料來源：中南軍政委員會土地改革委員會：《中南區一百個鄉調查統計表（內部資料）》，1953 年版，第 300～303 頁。

說明：湖北省 14 個鄉 120 戶，1936 年總收入折合稻穀 1166142 市斤，總支出 894045 市斤；1948 年總收入 948038 市斤，總支出 891625 市斤。湖南 13 個鄉 117 戶，1936 年總收入 830648 市斤，總支出 808715 市斤；1948 年總收入 864873 市斤，總支出 897193 市斤。

由上表可知，生活支出在中農的所有支出中佔了絕大部分。湖北省中農的生活支出佔了總收入的 60% 以上，湖南省的數字更是達到 80%。常規性生活支出的主要項目是食物和衣服，這其中食物的支出佔了絕大部分。在某些地區，食物支出甚至幾乎消耗中農的全部收入。根據一份調查，土改前湘潭縣某村 17 戶中農一年總支出折合米 106007 斤，總收入 60262.11 斤，食物支出（包括米、油、鹽、菜）58977.66 斤，占總支出 55.64%、總收入的 97.86%。這 17 戶中農人均擁有耕地 1.31 畝，使用耕地 1.70 畝，副業缺乏，僅餵養家

畜一項，主要經濟作物為大豆，但產量不多，僅占總收入的 3.1%。〔註23〕在耕地缺乏的情況下，農戶的家庭收入依然嚴重依賴糧食作物，這是這 17 戶中農收支嚴重不平衡的原因。中農的食物支出幾乎佔了總收入的全部，這其中可能還有因收支嚴重不平衡而壓低了食物消費的因素。這在兩湖鄉村是一個比較極端的例子，但也從側面反映出中農支出結構的嚴重失衡。

表 5.5：1948 年鄂城縣鄧平鄉 9 戶典型中農食物和穿衣支出

戶主	項目						
	家庭人口	食物支出（折穀市斤）	占總收入比例	占總支出比例	穿衣支出（折合稻穀市斤）	占總收入比例	占總支出比例
王玉勤	4	3105	47.26%	52.01%	450	6.85%	7.54%
范木清	5	2830	63.04%	63.31%	160	3.56%	3.58%
鄒少亭	8	6905	53.24%	51.56%	750	5.78%	5.60%
王子丹	11	6740	77.40%	75.96%	197	2.26%	2.19%
王波雲	6	2830	55.20%	57.97%	160	3.12%	3.28%
王才同	5	3689	58.88%	62.49%	250	3.99%	4.24%
牛衷昇	5	3950	64.58%	68.02%	332	5.43%	5.72%
徐寶豐	12	9475	67.06%	72.08%	720	5.1%	5.48%
王永懷	6	3758.5	44.32%	55.83%	423.5	4.99%	6.29%
平均	6.89	4809.17	59.40%	62.47%	382.5	4.73%	4.97%

資料來源：《關於（鄂城縣第一區）鄧平鄉土改後經濟調查報告之三——九戶典型中、貧農經濟情況》，1952 年，湖北省檔案館藏，SZ37-01-0042-001。

上表中，9 戶中農的食物和穿衣支出占總收入的 64.13%，與表 4 中 1948 年湖北省中農生活支出比例大致相當，這意味著食物和穿衣幾乎是中農常規性生活支出的全部。衣服屬耐用品，一年中的花費不多，食物消費支出大致要占到生活支出的 90%以上。兩湖地區中農食物結構主要為稻米、蔬菜、食鹽、油、肉類。以前文提及的湘潭縣某村為例，17 戶中農全部食物消費折合米 58977.66 市斤，其中主食稻米消費 47424.8 斤，占食物總消費的 80.41%；油消費 275.9 斤，占 0.47%；食鹽消費 2422.2 斤，占 4.11%；菜消費 8854.76

〔註23〕中共湘潭縣委辦公室：《湘潭縣土改前 XX 村三聯組九小組農村經濟按家調查表》，1950 年，湘潭縣檔案館藏，全宗號：20，目錄號：1，案卷號：5（長期）。

斤，占 15.01%。〔註24〕調查中沒有「肉類」一項，可能併入「菜」這一項中，
但如前文所述，這 17 戶中農收支嚴重不平衡，不是必需品且價格較貴的肉類
可能消減到可以忽略不計，同樣，非必需品且價格較貴的油類消費亦是微不
足道。我們再看一個例子，如下表：

表 5.6：1948 年長沙縣磨盆鄉 8 戶中農食物消費結構

項目	穀	油	鹽	肉	食物總消費
數量（折合稻穀市斤）	61412	1984.6	2637.6	2141.4	68175.6
比例（%）	90.08	2.91	3.87	3.14	100

資料來源：湖南省土改委員會：《長沙縣第八區磨盆鄉典型調查材料》，湖南省檔案館
藏，全宗號：145，目錄號：1，案卷號：71。

　　上表中，「穀」這一項應是虛指，裏面可能包括雜糧以及上文提及的「菜」
一項，這些都屬能自給的食物。與湘潭縣某村 17 戶中農相比，這 8 戶中農的
食物消費結構要稍好，油與肉類佔有一定的比例，但從比例上看，兩者都是
非經常性食品，特別是肉類，一般在某些諸如農忙、重要節日、招待客人等
重要時候才會消費。在 30 年代的湘鄉縣，農民「習慣在廢曆每月初一和十五，
買點豬肉吃，遇著端午節，和六月吃新期，也辦葷菜的場合，照例休息一天，
到了年終或元旦，家家都預備酒肉。」〔註25〕另如茶陵縣廟市鄉中農譚石仔，
1948 年消費肉類 61 斤，折合稻穀 518 斤，占食物消費的 12.68%，其中農忙
消費 14 斤，清明、端陽、中元、中秋及春節五大節日消費 27 斤，待客 20 斤。
譚石仔的肉類消費占食物消費比例在兩湖中農中是比較高的，其食物支出占
到總支出的 65.27%。〔註26〕

　　結合以上數據我們可以看出，兩湖地區中農的飲食結構是較為單調的，
生活水平較低。根據聯合國糧農組織提出的標準，恩格爾系數（食物支出占
總支出的比重）在 59% 以上的為絕對貧困狀態，50～59% 為勉強度日狀態，40
～50% 為小康狀態，20～40% 為富裕狀態，20% 以下為最富狀態。〔註27〕根據

〔註24〕中共湘潭縣委辦公室：《湘潭縣土改前 XX 村三聯組九小組農村經濟按家調查
　　　　表》，1950 年，湘潭縣檔案館藏，全宗號：20，目錄號：1，案卷號：5（長期）。
〔註25〕譚日峰：《湘鄉史地常識》，1935 年版，第 86 頁。
〔註26〕湖南省土改委員會：《茶陵縣廟市鄉典型調查材料》，1952 年，湖南省檔案館
　　　　藏，全宗號：145，目錄號：1，案卷號：125。
〔註27〕張東剛：《近代中國消費需求結構變動的宏觀分析》，《中國經濟史研究》2001
　　　　年第 1 期。

這個標準，兩湖的中農大多屬絕對貧困，情況稍好亦僅勉強度日，而占兩湖鄉村大多數的中農以下階層，生活必然更加困難，比如湖北黃陂縣方梅區，「單以食米一項來說，每人以一年需米三六五斤計算，貧農亦僅夠吃飯，油鹽菜肴尚感困難。……一般貧農秋收後，即開始吃菜飯，上山挖棉桃蕨根作為糧食，一直吃到次年麥收」；〔註 28〕長陽縣「居民頗多貧苦，豐收之歲，得常年食玉米者，猶為富裕之家，一遇荒歉，多有凍餒之虞，以油鹽價昂，鄉村平素之不得食油鹽者頗多」；〔註 29〕40 年代末湖南長沙縣崇禮堡鄉「佃農每戶歲入僅七六萬元，其中半數須獻給地主，若再除去人工、肥料等費，所入寥寥，不足一家溫飽。」〔註 30〕

　　燃料支出是生活支出中的一項重要內容，但不少調查並未提及，原因在於農戶所用燃料大部分為農閒時積累或為農作物的剩餘，很少去購買。兩湖鄉村農戶一般所用燃料，山區丘陵以木柴為主，平原區則以秸稈為主，如常德縣，「烹飪燃料用稻草棉莖等，近山鄉者多採山柴，毋庸出資購入，冬季有時亦燃火取暖，燃料亦多自己拾取，點燈用煤油，山地用桐油，每年所費約一元五六角至二元」。〔註 31〕30 年代對湖南衡山師古鄉 304 戶的調查，燃料支出占生活費用的 9.1%，燃料種類為柴、煤油、木炭，其中能自給的柴的消費占燃料消費的 86.8%，煤油、木炭的消費占總消費的 1.21%。〔註 32〕張培剛對湖北黃安縣成莊村的調查中，燃料費單指購買者而言，24 戶農家總費用為 64 元，占總收入的 1.77%，基本為地主和自耕農所花費，半自耕農和佃農或花費很少，或全無購買。〔註 33〕從這些例子可以看出，購買燃料在兩湖農家的花費中占的比重很少。但是，農戶自家積累燃料畢竟也需要花費時間成本，理應歸入家庭收支的一部分，只是農戶對這一塊的支出缺乏具體的概念，這也使我們很難對燃料費用在兩湖農戶收支的比重有進一步的瞭解。

　　賦稅在兩湖中農常規性支出中居第二位。從表 5.4 看，民國後期兩湖中農的賦稅負擔呈較快上升趨勢。1936 年兩省中農的賦稅支出占總收入比例相

〔註 28〕中央人民政府農業部計劃司輯：《兩年來的中國農村經濟調查彙編》，中華書局 1952 年版，第 271 頁。

〔註 29〕馬鴻瑞：《湖北長陽概況》，《合作指導》1939 年第 7 期。

〔註 30〕孫本文、陳倚興編：《長沙崇禮堡鄉村調查》，1948 年版，第 10 頁。

〔註 31〕陳建棠：《湖南常德縣經濟概況》，《國民經濟月刊》1937 年第 1 期。

〔註 32〕湖南省立衡山師範學校編：《衡山縣師古鄉社會概況調查》，1937 年版，第 112 頁。

〔註 33〕張培剛：《成莊村的農家經濟調查》，《經濟評論》1935 年第 10 期。

當，在 5%左右，應該說，這一比例是較低的，對農民的生活影響有限。到 1948 年，湖北省中農的賦稅支出比例達到了 15.15%，湖南省略低，也將近 10%，負擔大大加重，也必然對農民生活產生較大影響。中農大部分是擁有土地的自耕農，賦稅中最大支出是田賦正稅，但是隨著民國後期各種捐稅的推行，正稅在賦稅中的比例下降，附稅的比例上升。湖北省的賦稅支出比例要高於湖南，可能在於附稅的徵收要高於湖南，比如鄂城鄧平鄉 9 戶典型中農 1948 年平均正稅支出占農業收入的 7.56%，占總收入的 5.51%，附加稅占總收入的 6.86%，總體賦稅負擔占總收入的 12.37%；〔註 34〕茶陵廟市鄉 9 戶中農平均正稅支出占農業收入的 8.43%，占總收入的 6.68%，附加稅占總收入的 1.03%，總體賦稅負擔占總收入的 7.71%。〔註 35〕根據王業鍵的研究，清末大多數地區和省份，田賦占土地產值的 2%～4%，只有在蘇州、上海地區占 8%～10%。〔註 36〕由此可知，民國時期兩湖中農賦稅負擔加重主要是在民國後期。

　　生產支出在中農所有支出中所佔比例最小。生產支出項目包括肥料、種子、農具、耕畜等。中農的生產支出主要為肥料花費，表 5.4 中湖北 120 戶中農生產投資全部為購買肥料支出，湖南 117 戶中農 1936 年肥料花費占生產投資的 98.53%，1948 年占 96.86%，其餘為修購農具的費用。〔註 37〕但購買肥料通常為農戶生產所用肥料的一小部分，大部分肥料靠農戶囤積，貧窮的農戶甚至完全不購買肥料，如鄧平鄉貧農鄒傳根，「水田耘草、旱地挑土，不買肥」，1948 年主要支出僅為修補農具，折合稻穀 50 市斤，占總收入不到 1%。〔註 38〕又如黃陂縣方梅區「農民因為缺乏生產資金，無力大量購買肥料，一般使用草肥，以致產量沒有達到最高的應產量」；〔註 39〕武昌縣「各村糞肥，均係人糞尿、菜餅麻餅、草木灰廄堆肥等天然肥料」以及「青草菜子、大麥

〔註 34〕《關於（鄂城縣第一區）鄧平鄉土改後經濟調查報告之三——九戶中、貧農經濟情況》，1952 年，湖北檔案館藏，SZ37-01-0042-001。

〔註 35〕湖南省土改委員會：《茶陵縣廟市鄉典型調查材料》，1952 年，湖南省檔案館藏，全宗號：145，目錄號：1，案卷號：125。

〔註 36〕王業鍵：《清代田賦芻論》，人民出版社 2008 年版，第 165 頁。

〔註 37〕中南區軍政委員會土地改革委員會：《中南區一百個鄉調查統計表（內部資料）》，1953 年版，第 272～275 頁。

〔註 38〕《關於（鄂城縣第一區）鄧平鄉土改後經濟調查報告之三——九戶中、貧農經濟情況》，1952 年，湖北檔案館藏，SZ37-01-0042-001。

〔註 39〕中央人民政府農業部計劃司輯：《兩年來的中國農村經濟調查彙編》，中華書局 1952 年版，第 268 頁。

蠶豆」等綠肥；﹝註 40﹞湖南寧遠縣「肥料以廐肥石灰為主，或放禾草則不施放肥料，此外，花生枯、大糞、豬狗糞、草灰，俱為常用肥料」。﹝註 41﹞這些肥料除了少部分如菜餅、麻餅、石灰可能需要購買外，其他均可農戶自家囤積。

農具和牲畜由於使用日期較長，在未修復或購買的時候，其折舊為隱性支出，故有時候不會反映在調查數據中，如犁，「約二三年修整一次，泥田損犁嘴，砂田損犁背，每次約 1 角或 4 角。」﹝註 42﹞1948 年，鄧平鄉王玉勤修整農具用 20 斤穀，范木清用 52.5 斤穀，王子丹用 80 斤穀，至多占家庭收入的 1%左右。﹝註 43﹞

表 5.4 中有關生產投資的比例是偏低的，有些項目並未計入，比如種子的支出。在湘潭縣某村，土改前 17 戶中農的生產投資支出項目包括種子（價值折合稻穀 1455.8 市斤）、肥料（折合稻穀 908.8 市斤）、農具（折合稻穀 318.2 市斤）、工資（折合稻穀 2021.84 市斤），這些支出占總收入的 7.81%。﹝註 44﹞儘管有少數農戶的生產投資要占家庭收入的 20%以上，如長沙縣梛梨鄉富農黃德林土改前總收入合穀 390 石，其中生產支出 104.5 石（包括長工工資 42 石、種子 8.5 石、肥料用穀 30 石、短工工資 24 石），占總收入的 26.79%，﹝註 45﹞但對絕大部分農戶來說，如果在生產上投入過多，生活就得不到保障，因此，生產投入很少會超過 10%，這也成為近代中國農業發展的主要障礙之一。

農民的其他支出包括教育、人情往來、醫藥、信仰、婚喪嫁娶等費用，這些費用通常為不定期支出，但是有時候費用異常高昂，甚至會讓一個較為富裕的家庭陷入困境。在蘇南，一戶有手藝（木匠）、勞動力富足（5 口人中 3 個成年勞動力，1 個輔助勞動力）的中等收入家庭，至少要節衣縮食 10 年之久才能辦一次在當地認為比較「體面」的婚事，經濟條件較差的農戶，可

﹝註 40﹞葉雅各審編、趙學詩計算：《武昌縣農村調查統計表說明書（二續）》，《湖北建設月刊》1928 年第 6 期。

﹝註 41﹞陳光烜：《湘南十二縣農事調查》，《農業建設》1936 年第 4 期。

﹝註 42﹞陳光烜：《湘南十二縣農事調查》，《農業建設》1936 年第 4 期。

﹝註 43﹞《關於（鄂城縣第一區）鄧平鄉土改後經濟調查報告之三——九戶中、貧農經濟情況》，1952 年，湖北檔案館藏，SZ37-01-0042-001。

﹝註 44﹞中共湘潭縣委辦公室：《湘潭縣土改前 XX 村三聯組九小組農村經濟按家調查表》，1950 年，湘潭縣檔案館藏，全宗號：20，目錄號：1，案卷號：5（長期）。

﹝註 45﹞湖南省土地改革委員會：《長沙縣梛梨鄉土改前調查材料》，1949 年，湖南省檔案館藏，全宗號：145，目錄號：1，案卷號 254。

能會因此背上巨額債務，需要多年才能還清。〔註 46〕兩湖地區同樣如此，比如茶陵縣廟市鄉中農鄧士□，原是富農，有田 24 畝，1938 年其父親過世，為辦喪事負債，不得不賣田 7 畝多，其後又「嫁女討親死母親」，先後又賣出去一些田，「到解放前，只剩下六畝，五口人不夠食用，尚佃進田 1.4 畝。」對貧困農戶來說，婚喪費用更是巨大負擔，如該鄉貧農龍毛仔母親過世，六年不敢葬，建國後才借了 50 元光洋，把母親埋掉。〔註 47〕這些支出雖然不是定期支出，但對普通農戶來說，一旦發生，他們的生活可能就要拮据好幾年，甚至就此陷入困境無法自拔，而且在農村社會裏，婚喪支出關係到「面子」問題，由於輿論的壓力，這方面的支出幾乎沒有節省的可能性。雜支中除了少部分為固定支出外，大多數具有較大彈性，如常德縣農戶的雜支：「祭祖祀神，分清明冬至兩節，季節以端午中秋舊曆新年為最重，豐年娛樂，時邀戲班，就鄉村演戲，新年時，玩燈賭博尚少，平時抽旱煙為消遣，迷信頗深，尤以婦女為甚。……一般之教育程度極低，子弟入學者頗少，約計每戶一年雜用，約需大洋二十元，教育費在二十元中，不過占百分之一二。」〔註 48〕在這些雜支中，除了祭祖祀神的支出較為固定外，其他各項都可以根據年景收成或家庭經濟狀況進行增減，甚至取消。但另一方面，兩湖鄉村在娛樂、教育方面的投入本身已經非常有限，比如衡山縣師古鄉 304 戶農戶在這兩方面的支出僅佔了總支出的 0.29%。〔註 49〕在鄂西北，農民「子女很少有受教育的機會，其實他們也不覺得那是很緊要的」，娛樂方式也僅是「收穫後唱戲謝神」。〔註 50〕即如經濟條件較好之鄂東南，如蒲圻縣，「農民絕少娛樂機會，間有於廢曆正月間，舉行燈會，以資點綴。」〔註 51〕除了婚喪、醫藥支出，其他雜支通常能夠反映農民農閒時生活的豐富性，但從支出比例看，兩湖中農的農閒生活顯然是單調的，而婚喪等支出常使農民家庭陷入困境，表明農戶儲蓄率偏低，家庭經濟異常脆弱。

〔註46〕曹幸穗：《舊中國蘇南農家經濟研究》，中央編譯出版社 1996 年版，第 221～222 頁。

〔註47〕湖南省土地改革委員會：《茶陵縣廟市鄉典型材料調查》，1952 年，湖南省檔案館藏，全宗號：145，目錄號：1，案卷號：125。

〔註48〕陳建棠：《湖南常德縣經濟概況》，《國民經濟月刊》1937 年第 1 期。

〔註49〕湖南省立衡山鄉村師範學校編：《衡山師古鄉社會概況調查》，1937 年版，第 112 頁。

〔註50〕嚴仲達：《湖北西北的農村》，《東方雜誌》1927 年第 60 期。

〔註51〕湖北省政府民政廳編：《湖北縣政概況》，1934 年版，第 18 頁。

由以上例子可見，兩湖地區的中農從支出結構所反映的生活狀況普遍屬絕對貧困，情況稍好者也僅為勉強度日。英國經濟學家托尼認為，20 世紀 30 年代中國「有些地區農村人口的境況，就像一個人長久地站在齊脖深的河水中，只要湧來一陣細浪，就會陷入滅頂之災」。[註52] 從收支對比上看，兩湖地區的情況也不樂觀。我們先看下表：

表 5.7：1936 年、1948 年兩湖地區中農收支狀況 （單位：折合稻穀市斤）

省別	年別	總收入	戶均	總支出	戶均	剩餘	戶均剩餘
湖北	1936	1066142	8884	894045	7450	172097	1434
	1948	948038	7900	891625	7430	56413	470
湖南	1936	830648	7099	808715	6912	21933	187
	1948	864873	7392	897193	7668	−32320	−276

資料來源：中南區軍政委員會土地改革委員會：《中南區一百個鄉調查統計表》，1953 年版，第 286～289、298～301 頁。

從上表看，湖北省中農在 1936 年的經濟狀況較好，有較多剩餘，而 1948 年戶均剩餘較 1936 年下降了近 200%，這裡雖然可能有年景好壞的差別，但無疑這十多年湖北中農的經濟狀況是呈下滑趨勢的。1936 年湖南中農的剩餘不多，但收支大體平衡，1948 年的戶均剩餘同樣出現大幅度下降，但是戶均 276 市斤穀的虧蝕並非嚴重的赤字。總體而言，民國後期兩湖中農的經濟狀況不斷惡化，但 1948 年仍大體能做到收支平衡。然而從中農的支出結構上看，這種平衡極有可能是降低生活水平換來的。

兩湖中農也不乏收支嚴重不平衡的例子，比如長沙磨盆鄉 8 戶典型中農，1936 年有 6 戶出現虧蝕，戶均虧穀 1993.58 市斤；1948 年 5 戶戶均虧穀 2110.9 市斤。[註53] 磨盆鄉因為貧富分化很嚴重，中農比較缺乏，這 8 戶中農中有 3 戶是佃中農。瀏陽縣三口鄉的 9 戶中農數據則是普通自耕農的狀況，1936 年，有 4 戶收支有所盈餘，戶均盈餘折穀 484.75 市斤，另 5 戶戶均虧蝕 663.6 市斤；1948 年同樣 4 戶有盈餘，戶均盈餘 518.75 市斤，另 5 戶

〔註52〕R・H・托尼：《中國的土地與勞動力》，轉引自 J・C・斯科特：《農民的道義經濟學：東南亞的反叛與生存》，譯林出版社 2001 年版，第 1 頁。
〔註53〕湖南省土地改革委員會：《長沙縣第八區磨盆鄉典型調查材料》，1953 年，湖南省檔案館藏，全宗號：145，目錄號：1，案卷號：71。

虧蝕 867.6 市斤，平均而論，9 戶中農 1936 年虧損 153 斤，1948 年虧損 251 市斤。〔註 54〕總體來說，三口鄉的這 9 戶中農在 1936 年和 1948 年經濟狀況略有下降，但變化不大。茶陵縣廟市鄉的情況較好一些，所調查的 9 戶中農總共 18 組（1936、1948 兩個年份）中，收支相抵後出現負值的僅兩組，1936 年戶均剩餘折穀 1452 市斤，1948 年戶均剩餘 745.89 市斤。但從這 9 戶中農的消費情況看，情況也似乎並沒有如收支情況顯示得這麼樂觀，1936 年 9 戶中農的食物支出占總支出都在 60% 以上，按恩格爾系數標準皆為絕對貧困，1948 年有 7 戶食物支出占總支出的 60% 以上，另 2 戶分別為 53% 和 54.42%，亦僅為勉強度日。〔註 55〕較高的剩餘與超高的恩格爾系數形成強烈的對比，原因可能在於農民為了有所儲蓄而儘量降低消費標準，同時也可以說明民國時期兩湖地區農村消費內容的極度貧乏。同樣，與 1936 年相比，1948 年廟市鄉的這 9 戶中農家庭經濟狀況顯然是出現衰退的。湖北鄂城縣鄧平鄉的 9 戶中農從抗戰前到 1948 年，農戶家庭經濟也出現下滑。抗戰前 3 年有 7 戶中農收支有盈餘，平均盈餘折穀 1294 市斤，2 戶收支平衡（盈虧不足 100 市斤），而 1948 年為 6 戶有盈餘，平均 705 市斤，2 戶虧損，平均 482 市斤，1 戶收支平衡。〔註 56〕

　　由上可知，兩湖地區中農的家庭經濟在民國後期呈現惡化趨勢，但總體而言尚能維持收支平衡，一些大量種植經濟作物及擁有高收入副業的中農，如市場行情好，則會有較多剩餘，如上文的廟市鄉中農；或者生活較好，如鄂城縣鄧平鄉鄒少亭（收入情況見上文），1948 年收支相抵尚虧 422 市斤穀，但是該戶生活富裕，副食人均消費折穀 360 市斤，穿衣人均消費 94 市斤，而其他 8 戶中農副食人均消費折穀 130 市斤，穿衣人均消費 50 市斤，〔註 57〕相差較為懸殊。

　　土改前的中國農村是金字塔結構社會，富裕階層在農村總戶數中占少

〔註 54〕湖南省土地改革委員會：《瀏陽縣三口鄉調查材料》，1952 年，湖南省檔案館藏，全宗號：145，目錄號：1，案卷號：93。

〔註 55〕資料來源：湖南省土地改革委員會：《茶陵縣廟市鄉典型調查材料》，1952 年，湖南省檔案館藏，全宗號：145，目錄號：1，案卷號：125。

〔註 56〕《關於（鄂城縣第一區）鄧平鄉土改後經濟調查報告之三——九戶中、貧農經濟情況》，1952 年，湖北檔案館藏，SZ37-01-0042-001。

〔註 57〕《關於（鄂城縣第一區）鄧平鄉土改後經濟調查報告之三——九戶中、貧農經濟情況》，1952 年，湖北檔案館藏，SZ37-01-0042-001。

數，在兩湖地區，貧農及以下階層大致占農村總戶數的一半左右。〔註 58〕民國後期，中農的經濟情況在不斷惡化，貧農及以下階層的經濟狀況顯然更不樂觀。土改前中農的收支尚能保持平衡，我們可以推測，貧農及以下階層的家庭經濟或者收支不能平衡，出現較高赤字，或者為了維持收支平衡而極力降低生活水準。30 年代有人對鄂城五區 100 戶農家進行了調查，這 100 戶農家的家庭經濟收支有所盈餘的僅 19 家，81 家出現虧蝕。如果以盈虧 10 元以內為收支平衡的話，21 戶為收支平衡，11 戶盈餘，68 戶虧蝕。〔註 59〕鄂城縣為湖北省經濟較好的縣，土地肥沃，境內多湖，灌溉具有優勢，且鄰近武漢，交通便利。經濟條件較好的地區尚且如此，其他條件較差的地區可想而知，如 1937 年有人對上湘西 190 戶農家的調查中，平均每家收入 1161 元（法幣），支出則為 1541.9 元，不敷 380.9 元。這 190 戶農家每月平均家計費為 128.5 元，「已屬最低之生活，今連最低之生活且不能維持，自惟有出諸借債一途矣」。190 戶中有 113 戶負債，負債戶占到了調查戶數的近 6 成，平均每戶負債 415.3 元，占到每戶年平均收入的 35.77%。上湘西各縣，「雖辛勤終日，而乃難維持溫飽者，所在皆是。」〔註 60〕再以土改調查鄧平鄉的 9 戶貧農生活水平為例，這 9 戶貧農 1936 年戶均消費副食折穀 731 市斤，穿衣折 253 市斤，1948 年副食消費戶均折穀 717 市斤，穿衣折穀 239 市斤，而中農在 1936 年戶均消費副食折穀 1153 市斤，穿衣折 453 市斤，1948 年副食 1095 市斤，穿衣 383 市斤。〔註 61〕

　　我們從上文可知，兩湖地區的中農，除了少數較為富裕的農民，一般情況下飲食結構都較為單調，即使因經濟作物帶來較大利潤的茶陵縣廟市鄉中農，平時也很難吃到肉，僅在逢年過節或者招待客人時才會消費。貧農及以下階層的生活狀況必然更為糟糕，甚至能夠吃飽飯的時間也僅在一年中的某些特殊日子，如據開國上將李志民（湖南瀏陽人）回憶，李氏宗族「祀會」有三天隆重的春祭，「這三天春祭雖然是一種迷信活動，而且耗費了很多錢、

〔註 58〕 中南區軍政委員會土地改革委員會：《中南區一百個鄉調查統計表》，1953 年版，第 36、38 頁。

〔註 59〕 寄食：《鄂城五區裏的一百戶農家》，《西三縱隊月刊》1934 年第 5 期。

〔註 60〕 張宗禹：《上湘西各縣農業經營與農業金融之初步研究》，《湖南經濟》1948 年第 3 期。

〔註 61〕 《關於（鄂城縣第一區）鄧平鄉土改後經濟調查報告之三——九戶中、貧農經濟情況》，1952 年，湖北檔案館藏，SZ37-01-0042-001。

糧，但對饑腸轆轆的我和窮鄉親來說，確也是難得的三天飽飯。」〔註62〕因此，我們認為民國時期兩湖地區的大部分中農維持溫飽尚存在一定的困難，而對占兩湖農村人口將近一半的貧農及以下階層來說，所獲得的收入可能無法糊口。

二、婦女與農家經濟

「男耕女織」是以往我們對傳統中國鄉村社會男女勞動分工的一般認識，在這種分工結構中，男性承擔全部或大部分農業勞動，家庭收入主要是男性勞動所得，婦女除家務外，從事一般副業勞動，如紡織、飼養畜禽等，所得作為家庭收入的補充。農業方面，認為婦女最多只承擔輔助性勞動。但事實上，婦女承擔主要農業勞動在清代已較為普遍，「『男女並作』的地域相當廣泛，不但南方如此，即連北方也不例外。」〔註63〕江南地區的農家，明代流行「夫婦並作」，即婦女參加農業生產的主要勞動，男子也從事紡織工作，直到清中期以後，蠶桑業和棉紡織業生產規模擴大與農家婦女脫離農作的相互促進，「『男耕女織』才成為江南農家勞動安排的支配性模式。」〔註64〕但此種「男耕女織」並非自然經濟中家庭衣食自給，婦女專力於商品化紡織生產，獲得的收入成為家庭收入的主要來源之一。「在清代江南農村，無論是在生產勞動中，還是在與社會生產有關的其他勞動中，農家婦女都確實起到了『半邊天』的作用。」〔註65〕明清時期的兩湖地區，紡織手工業雖然普遍存在，但在規模上與江南地區存在較大差距，對家庭收入的作用也遠低於江南，因此，婦女在紡織生產所獲得的收入大體上仍只能屬家庭總收入的補充。進入民國後，兩湖鄉村婦女在政治、經濟上大體上仍延續著傳統的地位，並未發生明顯的改變。但是，由於人地矛盾尖銳和農業商品化的發展，一方面，土地收入不足以維持普通農戶的生活，另一方面，商品化為婦女提供了獲得經濟收入的一些渠道，這為越來越多的婦女從事經濟生產創造了條件。那麼，

〔註62〕李志民：《李志民回憶錄》，解放軍出版社1993年版，第14頁。
〔註63〕郭松義：《民命所繫：清代的農業和農民》，中國農業出版社2010年版，第318頁。
〔註64〕李伯重：《從「夫婦並作」到「男耕女織」──明清江南農家婦女勞動問題探討之一》，《中國經濟史研究》1996年第3期。
〔註65〕李伯重：《「男耕女織」與「婦女半邊天」角色的形成──明清江南農家婦女勞動問題探討之二》，《中國經濟史研究》1997年第3期。

民國時期的兩湖鄉村婦女在經濟生活中是否也起到了「半邊天」的作用呢？
我們將通過認識婦女在農業、副業生產中的作用來探討這個問題。

（一）婦女與農業生產

明清江南地區的「夫婦並作」到「男耕女織」，主要原因之一是人均耕地
的下降使男子能夠完成全部或大部分的農業勞動。〔註 66〕民國時期兩湖地區
的人均耕地不到 2 畝，〔註 67〕一般家庭的男性勞動力耕作綽綽有餘。但是兩
湖很多地區的鄉村婦女沒有脫離農業生產，她們或從事農業的主要勞動，或
參加輔助性勞動，「如沅陵瀘溪一帶，皆為勞動婦女，凡農事粗工皆能操作，
身體強健，大都天足……湘東，如道州、寧遠一帶，該地婦女，皆為勞動生
產者，與湘西相似。」〔註 68〕另如常德的鄉村婦女，「能夠在田裏工作，什麼
插秧種地都可以。」〔註 69〕湖北武昌縣鄉村婦女從事農作者甚多，如東興洲，
該村菜園很多，婦女「全部幾在田莊工作」，何家壟、馬莊，兩村婦女，放足
者多，「婦女之從事田莊工作者，……約占百分之九八」，南湖壕溝、傅家店、
白馬堆、洪山等地，也幾乎是全部婦女都參加農業勞動。〔註 70〕在鄂西北的
農村，婦女同樣與男子一起參加農業生產。〔註 71〕在某些地區，婦女在農業
上承擔的勞動甚至要比男子繁重，如恩施，「除了犁田插秧等工作，多是男的
去做外，其餘的使用鐮刀鋤頭的工作，主要是由婦女們去做的。……播種和
收穫，她們和男人一起做；等到農作物運回家，男人可以到附近的小店吃茶、
抽煙、喝酒、談天，女人們是不能休息的。……打麥子、剝包穀、剝桐仔，以
及曬穀子、打豆子，乃至歸倉樁（春）米等工作，都落到她們身上。」〔註 72〕
由此可見，婦女從事農業生產在民國時期兩湖鄉村頗為普遍。

從全國水平來看，兩湖地區的婦女在農業生產中的勞動量是較低的。根

〔註 66〕 李伯重：《「男耕女織」與「婦女半邊天」角色的形成——明清江南農家婦女
　　　　勞動問題探討之二》，《中國經濟史研究》1997 年第 3 期。
〔註 67〕 按 20 世紀 30 年代土地委員會的調查數據，湖南省人均耕地 1.66 畝，湖北 1.91
　　　　畝，參見土地委員會：《全國土地調查報告綱要》，1937 年版，第 23 頁。
〔註 68〕 徐幼芝：《湖南農村婦女教育及生活調查報告》，《農村建設》1940 年第 2 卷第
　　　　1 期。
〔註 69〕 蒻梅：《湖南的幾種鄉村婦女的生活寫實》，《婦女共鳴》1933 年第 1 期。
〔註 70〕 葉雅各編審、趙學詩計算：《武昌縣農村調查統計表說明書》，《湖北建設月刊》
　　　　1928 年第 4 期。
〔註 71〕 嚴仲達：《湖北西北的農村》，《東方雜誌》1927 年第 16 號。
〔註 72〕 林平：《恩施的農家婦女的生活》，《現代婦女》1948 年的 5 期。

據卜凱在 20 世紀 30 年代組織的調查，湖北 5 縣婦女承擔的農活比重，鍾祥 7.4%，蘄水 2.3%，棗陽 2.5%，應城 7.4%，雲夢 7.7%；湖南 5 個縣，常德 4.8%，郴縣 10.1%，新化 4.8%，武岡 10.1%，益陽 0.9%。全國平均數為 12.8%，高如江蘇崑山，婦女承擔了 48.6%的農活，無錫亦達到 37.8%。〔註 73〕按照黃宗智的解釋，商品化和農業密集化在華北和長江三角洲帶來了生產家庭化的趨勢，〔註 74〕在兩湖，商品化程度較高的作物種植同樣婦女參與生產的比例也較高，如上文提及的婦女參與農業生產比例很高的武昌縣幾個農村的菜園經濟就屬商品化生產。總體上而言，兩湖地區農業商品化的程度與華北和長江三角洲地區相比尚有一定的差距，這也使兩湖鄉村婦女在承擔農活的比重上要低於華北和長江三角洲。

　　兩湖地區的農作物以稻穀為主，但是水稻種植不需要大量勞動力，在 20 世紀 30 年代的水稻生產每畝平均為 6.9 個工作日，所以一般不需要婦女、兒童參與。在華北和長江三角洲，冬小麥、棉花是婦女和兒童捲入到農業生產的主要作物。〔註 75〕在 30 年代，湖南的棉田在百萬畝左右，集中在沿洞庭湖一帶各縣。〔註 76〕湖北省的棉花種植面積要遠高於湖南省，大約在 500 萬畝以上，全省各縣皆有分布，以鄂東南、鄂北及江漢平原最為集中。〔註 77〕棉花栽培有時候主要是婦女的工作，比如中共早期領導人何長工（湖南華容人）在幼年因家貧將輟學時，靠其二嫂嚴氏耕種的二畝棉田才得以考上中學。〔註 78〕

　　兩湖地區婦女參與農業生產還與自然環境有密切關係。在湖南，「湘西、湘東一帶土地貧瘠，謀生不易，婦女亦須操作，故生活勞苦；如湘南、湘中一帶，土地肥沃，人民較富裕，婦女多閒散，因此可分為勞動與家庭兩種不同的婦女生活。」〔註 79〕湖南土地富饒之區，多產水稻，如前所言，水稻栽

〔註 73〕（美）卜凱主編：《中國土地利用統計資料》，金陵大學 1937 年版，第 305 頁。
〔註 74〕所謂生產家庭化，是指農業商品化過程中，婦女和兒童越來越多地分擔了農戶的生產活動。參見黃宗智：《長江三角洲小農家庭與鄉村發展》，中華書局 2000 年版，第 44 頁。
〔註 75〕黃宗智：《長江三角洲小農家庭與鄉村發展》，中華書局 2000 年版，第 48～54 頁。
〔註 76〕孟學思編：《湖南的棉花及棉紗》，湖南省經濟調查所 1935 年版。
〔註 77〕湖北省政府秘書處統計室：《湖北省年鑒（第一回）》，1937 年版，第 200～202 頁、第 206 頁。
〔註 78〕何長工：《何長工回憶錄》，解放軍出版社 1987 年版，第 6～7 頁。
〔註 79〕徐幼芝：《湖南農村婦女教育及生活調查報告》，《農村建設》1940 年第 2 卷第 1 期。

培一般不需要婦女兒童的參與，而棉花種植分布又並不廣泛，故總體而言，許多地方的鄉村婦女在農作方面所費時間不多，可能更多從事家務或副業生產。土地貧瘠的地方，水稻不是主要作物，如上湘西地區「旱作本位」，主要作物是玉米、大豆、小麥、甘薯等，在桃源、晃縣、辰溪、芷江、漵浦、乾城、瀘溪、沅陵八縣中，除桃源外，其他幾縣的旱地作物面積占耕地面積的60%以上。〔註80〕這些旱地作物比水稻需要更多的人工，使婦女更多地下地作業。湖北的鄂西、鄂西北山區與湖南類似。由此可見，卜凱的抽樣調查並不能完全反映兩湖地區婦女在農業生產上的勞動投入。

婦女從事農業生產對家庭生計有著重要幫助。在農業生產中，除了耕地等一些需要重體力的勞動婦女無法勝任外，一般的勞動婦女都可以承擔，這使男性在非農忙期可以從事其他生產，如做雇工、從事副業等，〔註81〕可為家庭增加收入。在特殊時期，如抗日戰爭期間，不少地區男性壯勞動力參軍，婦女從事農業勞動日多，她們的勞作也成為家庭收入的主要來源。〔註82〕一些地區某些主要由婦女承擔勞動的作物甚至成為當地經濟支柱之一，比如芷江縣六村坪的婦女以種花生為重要工作，每年出產花生一萬多石，是農民收入的重要來源。〔註83〕

雖然民國時期兩湖地區婦女從事農業生產工作現象較為普遍，但是就總體上而言，婦女對家庭經濟的幫助主要不是體現在農業上。一方面，婦女在田間的勞動是農業生產的部分勞動，男性仍然承擔著大部分勞動；另一方面，在兩湖的很多地區，大部分婦女並不從事農業生產，比如在徐幼芝對湖南863位婦女的調查中，參與農業生產的有258人，占29.9%，大多為湘西、湘東土地貧瘠地區；〔註84〕衡山縣師古鄉，80%的13歲以上婦女從事家務，僅2人以

〔註80〕張宗禹：《上湘西各縣農業經營與農業金融之初步研究》，《湖南經濟》1948年第3期。

〔註81〕據1940年代的調查，湘南各縣短工以有業者為最多，大部分為有田地之農民。參見：王沛：《湘南各縣農工雇傭習慣及需供狀況》，《農聲》1942年第227期。

〔註82〕參見農林部洪江民林督導實驗區：《湖南黔陽縣江市鄉農村經濟概況》，《西南實業通訊》1943年第3期；孫九如、楊澧泉：《湖南會同縣雄溪鄉概況》，《西南實業通訊》1943年第3期。

〔註83〕徐幼芝：《湖南農村婦女教育及生活調查報告》，《農村建設》1940年第2卷第1期。

〔註84〕徐幼芝：《湖南農村婦女教育及生活調查報告》，《農村建設》1940年第2卷第1期。

農業為主業；〔註85〕湖北大冶縣，「各村農家婦女，均不在田莊做工。」〔註86〕
這些不從事農業生產的婦女主業一般是家務勞動，但通常也進行副業勞動，
亦對家庭經濟有所補益。

（二）婦女與副業生產

民國時期兩湖地區最普遍的副業是家畜飼養，通常是餵養豬、雞、鴨等，
這些主要是婦女的工作。雞鴨如果不是大規模飼養，於農家經濟的意義並不
大，如根據土改前的調查，黃陂縣方梅區地主養雞的收入僅占副業收入的
4.13%，富農為 1.35%，中農為 1.52%，貧農為 0.45%，這些收入只能提供家
庭購買油鹽之類的零用。豬的經濟價值較高，方梅區各階層養豬所得收入佔
了副業收入的較高比重，如地主為 45.87%，富農為 24.94%，中農為 37.63%，
貧農為 22.30%。〔註87〕同時，豬的糞便可作為肥料為農家節省一部分開支。
但是養豬的成本要比餵養雞鴨高出許多，並非每戶農家都有力承擔，如土改
前的荊門縣城關區白廟鄉 624 戶農家，擁有 476 頭豬，戶均 0.76 頭。〔註88〕
在 1931 年，長沙附近的新開鋪，全村 105 戶，擁有豬 182 頭，戶均 1.73 頭，「然
而飼戶不多，此間飼豬多屬大批，普通每槽有七八個十餘個不等。」〔註89〕這
樣大規模的養豬可能已經不屬副業，勞動的強度也非家庭婦女獨立能承擔。

紡織亦是兩湖普遍的副業。手工紡紗業在甲午戰爭後由於洋紗與機器紡
紗的衝擊，逐漸衰落，手工織布業則因洋紗和機制棉紗供應充足在近代有較
大發展。清代以來，湖北省與江蘇、浙江、福建、廣東，共稱為織布地。漢
口附近之武昌、江夏、漢陽、黃陂、孝感、黃州、天門皆為著名的產布地。
〔註90〕據民國時期棉統會對湖北 17 個縣的調查，1934 年家庭織布業總產量

〔註85〕湖南省立衡山鄉村師範學校編：《衡山師古鄉社會概況調查》，1937 年版，第
　　　　34 頁。
〔註86〕李華編輯，葉雅各審定：《大冶縣農村調查統計表說明書》，《湖北建設月刊》
　　　　1929 年第 1 卷第 11 期。
〔註87〕中央農業部計劃司編：《兩年來的中國農村經濟調查彙編》，中華書局 1952 年
　　　　版，第 270 頁。地主由於土地收入較多，副業項目少，副業收入僅占總收入
　　　　的 3.8%，因此飼養畜禽所獲得的收入占副業收入比例較高。
〔註88〕湖北省農業廳編：《荊門縣城關區等 1950 年農業普查分村、按戶調查表》，湖
　　　　北省檔案館藏，SZ37-01-0534-001。
〔註89〕宋志堅、田禮耕：《新開鋪農情紀實》，《修農月刊》1931 年第 1 期。
〔註90〕曾兆祥主編：《湖北近代經濟貿易史料選輯》，第 1 輯，1984 年版，第 78～79
　　　　頁。

690 萬匹，其中黃岡約 220 萬匹，孝感約 70 萬匹，光化、天門、宜昌、武昌、麻城、宜都、襄陽、江陵、荊門、應城、漢陽、雲夢等縣在 10 至 50 萬匹之間，不及 10 萬匹的僅鄂城、黃陂、沔陽三縣。〔註91〕湖北省各縣的土布大量外銷，如隨縣，「長頭布，係女工紡織所出，布疋甚多，除自用外，商人多設莊收買，行銷陝甘等省。」孝感縣，「鄉間婦女多以織布為業，出產土布甚多，每年輸出，計七十萬疋，每疋值一元至一元四五角不等。收入約近百萬元；均運銷於山陝甘等省。」〔註92〕湖南省的瀏陽、醴陵、平江等縣也皆有土布輸出。〔註93〕在兩湖，商品化的紡織手工業雖然有男性參與，但大體上仍是婦女的工作。紡織的收入，隨著布價的漲落高低不定，30 年代的安陸縣，一名鄉村婦女每日可織布一匹或半匹，如布價高漲，則每日可收入三四角。〔註94〕根據陳正謨的統計，1932 年湖北省日工的平均工資為 0.305 元。〔註95〕由此可見，一名從事紡織手工業的婦女收入高時可抵一名雇農的收入。在 40 年代中後期的湖南平江縣，農家婦女從事紡織的日收入要達到一名雇農日工資的 4 倍左右，〔註96〕這樣的收入水平足以使婦女的勞動成為家庭收入的主要來源之一。但是民國時期兩湖的商品化棉紡織手工業呈衰退趨勢，典型的如湖北安陸縣，極盛時每年出產布六七萬捆（每捆三十二匹），但在 1933 年出產不到 4 千捆，下滑嚴重，應城縣府布業「近因受洋布之排斥，遂一落千丈。」〔註97〕再如湖南瀏陽縣，「自舶來布疋輸入傾銷後，土布因之一落千丈。」〔註98〕在這種形勢下，婦女的收入必然也受到嚴重的影響，比如在 1910 年代的天門，鄉村婦女織棉布，「每日快者，可織一匹，代

〔註91〕棉統會編：《華中區四省棉紡織品產銷報告》，《漢口商業月報》第 2 卷第 4 期，轉引自湖北省鄉鎮企業管理局、《鄉鎮企業志》編輯部編：《湖北近代農村副業資料選輯（1840～1949）》，1987 年版，第 138～139 頁。

〔註92〕湖北省政府民政廳編：《湖北縣政概況》，1934 年版，第 587、648、677、699 頁。

〔註93〕實業部國際貿易局編：《中國實業志》（湖南省），第二編，1935 年版，第 86 頁。

〔註94〕湖北省政府民政廳編：《湖北縣政概況》，第三冊，1934 年版，第 619 頁。

〔註95〕陳正謨編著：《各省農工雇傭習慣及需供狀況》，中山文化教育館 1935 年版，第 9 頁。

〔註96〕陳天固：《平江的紡織業——一個農村手工紡織業區的介紹》，《工業合作》1946 年第 29～30 期。

〔註97〕湖北省政府民政廳編：《湖北縣政概況》第三冊，1934 年版，第 619、738 頁。

〔註98〕周源歧：《湖南瀏陽縣農村經濟初步調查》，《中農月刊》1944 年第 9～10 期。

人織者，每匹可得資約二百文。」〔註99〕但到了 30 年代，江漢平原的婦女，「從前冬日工作，紡織占著最大部分，後因敵不過洋布傾銷，機杼之聲，是久已停息了。」〔註100〕湖南的夏布業也在民國中期以後衰敗，每年向外省輸出從 1918 年價值最高的近百萬兩跌落到 30 年代的「僅數千餘兩。」〔註101〕

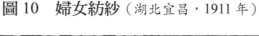
圖 10　婦女紡紗（湖北宜昌，1911 年）

資料來源：http://www.picturechina.com.cn/bbs/watermark.php 跡 YXR0YWNobWVudHM
　　　　　vZGF5XzEyMTIyOC8xMjEyMjgxOTExODY5ZjI4Mjk1ZGExZjMyZC5qcG
　　　　　cmYW1wO2FpZD03ODEzNTI=

在兩湖的不少地區，紡織業並非主要副業，如衡山縣師古鄉，全鄉 13 歲以上女子 2163 名，其中以紡織為主業的有 151 人，以紡織為副業的有 358 人，占總人數的 23.53%。〔註102〕《中國實業志》（湖南省）所調查的 63 個縣的副

〔註99〕黎絮芳：《天門婦女職業之調查》，《婦女時報》1916 年第 20 期。

〔註100〕焦桐：《江漢間農村婦女的冬日生活》，《農業週報》1937 年第 7 期。

〔註101〕劉世超編：《湖南之海關貿易》，湖南經濟調查所 1934 年版，第 4 章，第 76 頁。

〔註102〕湖南省立衡山鄉村師範學校編：《衡山師古鄉社會概況調查》，1937 年版，第 35 頁。

業種類，以紡織為農家主要副業的僅 28 縣。〔註 103〕在湖北，土改時對黃陂縣方梅區的調查中，各階層中紡織收入占副業總收入比例最高者為富農，也僅占 2.26%。〔註 104〕因此，如非主要副業，婦女在紡織手工業方面的勞動，對家庭收入的貢獻不大。

除了以上兩種較為普遍的副業，民國時期兩湖地區鄉村婦女會因自然條件和社會經濟環境的不同從事其他副業，比如「近山的地方，婦女大都賣柴，以換取油鹽費用；如產米的地方，則賣米粑粑。」在沅陵烏宿附近的村莊，「因產米，價較廉，彼處婦女即做米粑粑，拿至沅陵縣城售賣，每次可獲利一二元。」〔註 105〕在江漢平原，由於水資源豐富，此間婦女冬日裏從事捕魚、製蝦米、剖蓮子等副業。〔註 106〕此類副業收入微薄且不穩定，僅能對家庭經濟有些許助益。湖南不少地區的鄉村婦女從事產業化了的副業，這為她們提供了較為穩定的收入，但是所得也不很高，如 30 年代臨武縣的龍鬚席業，婦女辛苦一年所得僅十餘元，〔註 107〕尚不足一人之糊口；在醴陵，「上東鄉一帶婦孺操編爆業者數以萬計，東北兩鄉多瓷廠，畫碗女工亦不下數千，惟女工資極廉，一日勞作所得，僅足以糊一人之口。」〔註 108〕湖北省的其他副業門類，除竹材編織等有婦女參與勞動外，其他絕大多數為男性所壟斷。由此可見，婦女可從事的副業種類有限，這也阻礙了兩湖鄉村婦女經濟地位的提升。

民國時期兩湖鄉村的家庭副業種類是多樣的，但大多數副業的主要勞動力都是男性，婦女從事的副業非常有限。在徐幼芝對湖南 863 名鄉村婦女的調查中，從事的副業有喂豬、養雞、種柑、紡紗、織麻、挑花、刺繡、編物、織錦、縫紉、砍柴等幾種，這其中喂豬 368 人、養雞 177 人、紡紗 441 人、織麻 275 人、砍柴 281 人，〔註 109〕顯然這幾種副業為湖南鄉村婦女普遍從事

〔註 103〕實業部國際貿易局編：《中國實業志（湖南省）》，乙編，1935 年版，第 86～87 頁。
〔註 104〕中央農業部計劃司編：《兩年來的中國農村經濟調查彙編》，中華書局 1952 年版，第 270 頁。
〔註 105〕徐幼芝：《湖南農村婦女教育及生活調查報告》，《農村建設》1940 年第 2 卷第 1 期。
〔註 106〕焦桐：《江漢間農村婦女的冬日生活》，《農業週報》1937 年第 7 期。
〔註 107〕關俊秀：《臨武農村的龍鬚席業與織女生活》，《東方雜誌》1935 年第 20 期。
〔註 108〕陳鯤修、劉謙纂：《醴陵縣志》，1948 年版，卷五，食貨志上。
〔註 109〕徐幼芝：《湖南農村婦女教育及生活調查報告》，《農村建設》1940 年第 2 卷第 1 期。

之副業。30年代初有人調查了荊沙地區婦女的職業情況，婦女從事的職業總共有八類，為教員、做工（包括紡織、分揀茶葉、梳頭、洗衣、傭人）、農業、機關工作（包括傳道、青年會幹事）、商業（店員）、家務、醫生、護士等，〔註110〕從這八個類別中，一般鄉村婦女能從事的職業也僅為做工、農業、家務三種。

綜上所述，清中期以後在江南、華北地區形成的「男耕女織」的家庭生產結構並非傳統「自然經濟」模式，「它實際反映了家庭生產在商品化推動下的完善和加強。」〔註111〕商品化與勞動密集化使婦女兒童更多地參與生產。華北、江南的棉花栽培及江南的蠶桑業對婦女參加農業勞動起到了重要作用，同時，大量的婦女開始以紡織為主業，並以此為家庭收入的主要來源之一。對兩湖來說，湖北的經濟模式與江南較為接近，近代以來，棉花種植在湖北迅速發展，而紡織手工業也在傳統的基礎上規模擴大，這無疑推動婦女參與生產。湖南的棉花種植和紡織業的規模與華北、江南乃至湖北都相差甚遠。1931年、1932年兩年湖南出口的貨物，如以擔數論，以礦產為第一，桐油次之，爆竹煙花第三，〔註112〕此三種產品，僅爆竹煙花能吸收大量農村婦女從業，但產地集中於瀏醴一帶。

從全國來看，婦女從事紡織手工業的勞動對農家經濟具有最為重要的意義。民國時期湖北省的紡織手工業發展水平雖與華北江南有一定的差距，但是也足以吸收農村中大部分婦女從事該項手工業，而湖南顯然缺乏這樣的經濟條件。

在兩湖的著名產布區，有可能已經形成了「男耕女織」的專業化生產，婦女的日收入相當甚至超過一個男性雇工的日收入，在家庭經濟方面已能撐起「半邊天」。在其他地區，「勞動婦女對家庭經濟的幫助極大」〔註113〕，但是作用沒有專業紡織那樣明顯。對比江南地區，農業商品化的落後是阻礙兩湖婦女對農民家庭經濟有更大貢獻的主要原因。

〔註110〕黃毓英：《湖北荊沙婦女職業調查》，《蘇州振華女學校刊》1931年第12期。
〔註111〕黃宗智：《長江三角洲小農家庭與鄉村發展》，中華書局2000年版，第51頁。
〔註112〕劉泱泱：《近代湖南社會變遷》，湖南人民出版社1998年版，第201頁。
〔註113〕徐幼芝：《湖南農村婦女教育及生活調查報告》，《農村建設》1940年第2卷第1期。

三、農民生活與社會變遷

在 20 世紀之前，兩湖社會並沒有經歷大的改變，即使在西方文化在兩湖地區的前哨漢口，根據羅威廉的研究，「在這個通商口岸開放的最初三十年中，西方的出現並沒有顯著地改變漢口社會歷史的進程。」〔註114〕兩湖地區社會的近代轉變最初來自傳教士，天主教於 1858 年進入湖北，到 1915 年為止，新舊兩大教派，在湖北 54 個州縣設立教堂，置有不動產，擁有教徒 1 萬多人。〔註115〕湖南的天主教活動要在 1860 年以後，到 1919 年之前，湖南共有新舊教派 20 個，傳教士 1164 人，信徒 6978 人。〔註116〕顯然，這樣的信徒數相比於兩湖數千萬的人口，是非常微小的。即便如此，傳教士的到來還是激起了民眾的反對，特別是湖南，從 1860 年至 1910 年，湖南發生大小教案 30 次。〔註117〕湖南向以保守著稱，但清末也發生了巨大的轉變，在甲午戰爭之後成為政治改良派的橋頭堡。據研究，湖南的現代化在清末民初分為三個時期，一是 1895 年至 1898 年的新政運動時期，二是 1902 年至 1911 年的立憲與革命運動時期，三是民初的零星建設時期。〔註118〕前二者為上層的政治運動，幾乎不涉及下層民眾。湖北的變革較之湖南更側重經濟方面，特別是張之洞督鄂後，湖北省的工業建設使武漢成為中國的經濟中心之一。從時間上看，湖北省的現代化運動要略早於湖南省，但時間差距不大。兩省在現代化方面的共同點就是較少關注農業，農業生產方面沒有突破性發展。但社會變革畢竟影響到政治、經濟、民生等方方面面，因此，在二十世紀以後，兩湖農民的生活亦經歷了巨大的變化。

（一）農民生活的變遷

20 世紀的中國以戰亂開始，兩湖則相對平靜，政治上層的風雲暗湧對下

〔註114〕（美）羅威廉著，江溶、魯西奇譯，彭雨新、魯西奇校：《漢口：一個城市的商業與社會（1796～1889）》，中國人民大學出版社 2005 年版，第 65 頁。

〔註115〕蘇雲峰：《中國現代化的區域研究：湖北省（1860～1916）》，（臺灣）「中央研究院」近代史研究所 1987 年修訂版，第 98 頁。

〔註116〕張朋園：《湖南現代化的早期進展（1860～1916）》，嶽麓書院 2002 年版，第 101～108 頁。

〔註117〕張朋園：《湖南現代化的早期進展（1860～1916）》，嶽麓書院 2002 年版，第 111～113 頁。

〔註118〕張朋園：《湖南現代化的早期進展（1860～1916）》，嶽麓書院 2002 年版，第 432 頁。

層民眾並沒有產生多少影響，於農村更是如此。但清廷對八國聯軍戰爭的後果在全國範圍內產生巨大影響，巨額的賠款有一部分被分攤到農民的頭上。這是 20 世紀初內地鄉村少數受到大時代背景影響的例子之一。

　　20 世紀的前十年是兩湖地區孕育革命的時期，但革命的力量存在於知識分子以及軍隊之中，農村幾乎是完全隔離於革命之外的，革命者們也沒有想過去發動農民的力量。農民對革命的看法一開始似乎是積極的，「他們在這個革命中看到一絲希望：舊政權統治下所忍受的暴政可能消除。」但是他們很快就失望了，「新政權一旦建立起來，它就表示無意傾聽農民要求土地的呼聲。」〔註 119〕最終，辛亥革命沒有為兩湖的農民帶來絲毫的物質利益。但辛亥革命畢竟是劃時代的革命運動，推翻清政府所產生連鎖效最終在農村產生較大影響。近代思潮在民國建立後得到了廣泛的宣傳，並逐漸滲透到鄉村中。在民國中後期，兩湖鄉村的一些士紳對近代思潮在鄉村產生的影響甚為焦慮，歎息「民國肇興以來，人皆知有社會而不知有家族」〔註 120〕；甚至認為「自個人主義之說興而親親之道廢，利己主義之論起，而家族之義遂亡，是以敬宗睦族，時人所恥，創修譜牒為世所羞。」〔註 121〕這些話雖是社會變遷的反映，卻也是過於誇張的。至少在 1949 年之前，宗族依舊在兩湖鄉村是處於支配地位，並不存在「家族之義遂亡」之說。但宗族制度逐漸在民國時期逐漸削弱卻也是不爭的事實，只是破壞力更多來自革命運動，而非所謂的「個人主義之說」興起。事實上，在民國初期，族權被進一步強化，各種宗族組織紛紛興起，〔註 122〕直到國民革命時期的農民運動才受到沉重打擊。在 1927～1937 年間，中共在兩湖存在不同程度的影響力，這也極大地影響了兩湖鄉村的社會關係。

　　在大革命時期，鄉村裏的無產者與有產者形成了尖銳的階級對立，無產者借助政治運動的東風給兩湖鄉村給有產階層以沉重打擊，如在湖北陽新縣上林村，土地革命期間，12 戶地主富農中，有 5 戶 9 人因為「反革命」被殺，其中 2 戶被殺絕。除了階級對立，因為政治運動又產生了不同的派別，上林

〔註 119〕（美）周錫瑞著，楊慎之譯：《改良與革命：辛亥革命在兩湖》，江蘇人民出版社 2007 年版，第 312、313 頁。
〔註 120〕（湖南湘鄉）《花橋張氏四修族譜》，卷一，《序》，1928 年鉛印本，《中華族譜集成》第 20 冊，巴蜀書社 1995 年版。
〔註 121〕（湖北蒲圻）《大成謝氏族譜》，《序》，寶樹堂 1937 年刻本。
〔註 122〕于建嶸：《岳村政治》，商務印書館 2001 年版，第 138 頁。

村黨員 18 人，有 3 人被認為是「改組派」（按照原文解釋，改組派「為陳獨秀右傾機會主義者」），後被處死。〔註 123〕革命運動中所形成的階級對立與派別對立揭開了鄉村中原本溫情脈脈的面紗，宗族制度在革命區域很難再有效地控制鄉村秩序。在某些村莊，革命導致村莊社會秩序的改變，矛盾的焦點也出現轉移，如瀏陽縣三口鄉，革命前農民痛恨地主，革命中敢於「打土豪」，革命後「幫會、圈子、國民黨、三青團一起擠上政治舞臺」，農民對地主也不甚痛恨，恨鄉保人員。而普通地主，「大革命後地主們因遭受了嚴重的打擊，均有戒心，大都不敢對佃戶們再引過度的剝削，除廢莊雞、莊稈、莊工等剝削外，即對地租的剝削也不如從前每畝收租穀二石的重了（即每畝田收租一石三斗），因他們覺得多占土地也無意思，所以舊地主寧願出賣土地供其揮霍，新地主從事工商業高利貸，不重視地租。」〔註 124〕

大革命失敗以後，由於國民黨政權的清算，一些農民因參加革命運動，給個人、家庭乃至整個宗族帶來了厄運。上林村紅軍轉移後，紅軍家產被沒收，參加革命的農民被捕殺。〔註 125〕湖南永興縣金陵鄉「橋村」，村民林宗江1928 年參加紅軍，1935 年，永興縣保安團來「橋村」捉拿林宗江，由於其下落不明，家人無法交出，保安團燒了林家的房子，一個月後，因村民交不出林宗江，保安團再次火燒林氏乾公祠和部分民宅，臨走前威脅村民如再無法找到林宗江，便要燒掉整個村莊和殺絕林宗江的族親。最終，林氏族人找到林宗江並勸服他下山投降。國民黨政權授於他為「湘南招撫委員」，但因招撫不力，權力被架空，林欲重歸共產黨，被國民黨察覺，於 1938 年 9 月被暗殺在平江。〔註 126〕在宗族勢力最為強盛的時刻，這樣的「越軌者」通常由宗族親自捉拿交於官府或者宗族內部處置，但在國民革命期間以及其後，無論是共產黨還是國民黨，都不同程度地削弱了宗族的權力。然而，恰如杜贊奇所

〔註 123〕湖北省委政研室陽新調研小組：《湖北省委政研室關於陽新縣五區金門鄉上林行政村「大革命以來人口、土地變動及政治情況演變調查報告」》，1950 年，湖北省檔案館藏，SZ-02-0045-002。

〔註 124〕湖南省土地改革委員會：《瀏陽縣三口鄉調查材料》，1952 年，湖南省檔案館藏，全宗號：145，目錄號：1，案卷號：93。

〔註 125〕湖北省委政研室陽新調研小組：《湖北省委政研室關於陽新縣五區金門鄉上林行政村「大革命以來人口、土地變動及政治情況演變調查報告」》，1950 年，湖北省檔案館藏，檔案號：SZ-02-0045-002。

〔註 126〕譚同學：《橋村有道：轉型鄉村的道德權利與社會結構》，生活‧讀書‧新知三聯書店 2010 年版，第 72～74 頁。

指出的，傳統的鄉村權力結構被破壞，卻未能建立起新的秩序，「傳統村莊領袖不斷地被營利型經紀所代替，村民們稱其為『土豪』、『無賴』、『惡霸』。」〔註127〕瀏陽三口鄉的惡霸羅鏡泉，在中共撤離後任國民黨區分部書記，三青團區隊副，被稱為「街王」和「五殿閻王」；武昌縣錦繡鄉的幾個惡霸有「十大閻王」之稱。這些恐怖的綽號說明普通民眾對他們的恐懼。宗族權力被削弱之後，宗族組織對鄉村民眾的束縛減弱的同時，也逐漸失去了保護族眾的能力，更無能力去約束地方惡霸。

　　相對於革命給農民生活帶來的劇變，非革命區的農民生活在20世紀以後因社會變遷而改變是緩慢卻又是深刻的，即使是較為封閉的湘西地區，社會風氣也在這幾十年內有了明顯的變化。如會同縣雄溪鄉，「除老人守舊外，一般青年，均已漸接受現時代之薰陶。」〔註128〕黔陽縣江市鄉，由於地理位置偏僻，風氣轉變較不易，但因抗戰爆發，一些外來人口流入，生活方式發生了一些變化，「（外來人口）多業手捲煙，轉瞬間將旱煙打倒。大部分男子已口吃香煙，洋洋於村頭肆間。少女因群起將長辮剪去，即中年婦女亦隅（應為『偶』之誤——引者）有截髮者，趨向時髦。又一廟宇一所，已改為小學，迷信之風，稍為減退。」〔註129〕風氣雖未發生本質變化，但改變亦是明顯。

　　與湘西、鄂西等偏僻的地區鄉村民眾生活方式緩慢的變遷相比，交通便利的鄂東南、江漢平原、湘北、湘中一帶的轉變顯然更為明顯和劇烈，這一切的轉變最初從經濟生活開始。比如1900年前後，湘潭縣洋布的銷量不大，但洋紗很快佔據了湘潭市場，據日本人的調查，「湘潭的棉紗，以前以湖北製品及上海製品居多數，印度製品次之；至於日本製品，則寥若晨星。據說，從兩三年以前起，日本紗忽然在這裡得到銷路，竟以一瀉千里之勢，驅逐並代替了漢口、上海和印度製品，獨佔了湘潭市場。」〔註130〕洋紗的大量傾入改變了近代中國農村的紡織手工業，兩湖亦不例外。如湖北省「各鄉棉花不

〔註127〕（美）杜贊奇著，王福明譯：《文化、權力與國家：1900～1942 年的華北農村》，江蘇人民出版社 2010 年版，第 211 頁。

〔註128〕楊澧泉、孫九如：《湖南會同縣雄溪鄉概況》，《西南實業通訊》1943 年第 3 期。

〔註129〕農林部洪江民林督導實驗區：《湖南黔陽縣江市鄉農村經濟概況》，《西南實業通訊》1943 年第 3 期。

〔註130〕日本外務省：《清國事情》，下，轉引自李文治編：《中國近代農業史資料（第一輯）》，生活・讀書・新知三聯書店 1957 年版，第 496、498 頁。

同一，織布亦異類不少。然近年其經緯絲，共用洋棉絲。」〔註131〕

兩湖地區農戶經濟在市場影響下有全面的變化是在民國中期以後。在 20 世紀 20 年代的黃陂，買洋紗的農戶日益增多，有些地方的紡紗機，「都已經劈作柴火燒乾淨」；婦女們也漸漸喜歡買洋布，「穿土布的人比從前略少些。」〔註132〕咸寧縣在 20 年代以前「可以說是自織而衣，棉花都是自種的，近來棉花出產很少，從外地購買花紗。」〔註133〕偏遠如遠安，亦是「以前購買洋貨盛行，全縣人民約估百分之八十金錢外溢。」〔註134〕湖南邵陽縣距離湘潭 150 多公里旱路，深處內地，交通不便，洋貨的入侵時間較晚，但在 30 年代前後，煤油、洋布、洋紗、橡皮鞋等外國商品已經充斥著邵陽市場，成為民眾的必需品。〔註135〕在水路交通便利的地區，如武漢及周邊、江漢平原、長沙和湘潭及其周邊等，外國商品較為容易進入，而水路較為不便的地區，洋貨的入侵要等到陸路交通的發展之後。仍以邵陽為例，在汽車通車之前，進入該縣的洋貨「不過少數的油布和布疋罷了」，通車之後，由於汽車對運送洋紗、洋布等輕便貨物有優勢，運輸較為笨重的農產品則需要高昂的運費，故洋貨得以在邵陽市場通行，而邵陽本地的農產品仍舊是挑送出去。〔註136〕

兩湖交通的變遷，我們在第一章已有略述。兩省交通發展得最為緩慢的無疑是湘西、鄂西各縣山高嶺峻之處。1936 年以後，湘黔公路與湘川公路先後完成，把湘西的「神秘分為衝破了，」剩下一個「八區」（永順、保靖、龍山、桑植、大庸、古丈）未通公路，是以「八區較之八區以外的湘西各縣城市，又要落後一世紀。」〔註137〕總的來說，近代以來除了湘西、鄂西等交通不便的地區農民的生活變化較小外，兩湖各地農戶的生活變化之大，在歷史上也是少見的。

在傳統社會後期，農民在經濟生活方面受到的限制逐漸減少。普通自耕農，可以根據自身或家庭的需要以及市場信息選擇種植何種作物，也可以根

〔註131〕佚名：《漢口織布》，《東西商報》第 60 號，1900 年，轉引自李文治編：《中國近代農業史資料（第一輯）》，生活・讀書・新知三聯書店 1957 年版，第 511 頁。
〔註132〕但一：《湖北黃陂農民生活》，《中國青年（上海 1923）》1924 年第 23 期。
〔註133〕萬啟英：《湖北咸寧縣農村社會調查報告》，《亞洲文化月刊》1936 年第 1 期。
〔註134〕徐傑：《遠安社會概況》，《人民週報》1933 年第 2 卷第 71 期。
〔註135〕化之：《邵陽農村經濟之一角（續）》，《農村旬刊》1934 年第 1 卷第 34 期。
〔註136〕化之：《邵陽農村經濟之一角（續）》，《農村旬刊》1934 年第 1 卷第 34 期。
〔註137〕李震一：《湖南的西北角》，宇宙書局 1947 年版，第 9 頁。

據市場情況購買何種消費品，這方面的活動通常不會受到人為限制，更多的受限於家庭的經濟狀況。佃農的經濟自由度稍差，在商品經濟較為落後時，地主徵收實物地租，佃戶在選擇作物上就缺乏自由。近代以後，由於商品經濟的發展，貨幣地租越來越盛行，佃戶在選擇作物上的限制也漸漸減少。隨著西方勢力的入侵，外國商品湧入中國市場，普通生活用品如洋紗、洋布、煤油、火柴等，由於價格較低，使用便利，逐漸代替土貨成為農民生活的必需品。經濟生活的變遷無疑是近代以來包括兩湖地區在內的中國農民生活變遷最為直觀的表現，這種變遷不是生活水平的提高，而是生活方式的改變，簡而言之，便是農民的生活與市場的聯繫越來越緊密了。

　　相對於經濟生活的變動，農民在政治與社會生活方面的變遷較為不易。從政治地位和社會地位上來說，20 世紀普通農民總體上並未有太大變化，但由於社會的劇烈變化，農民的政治生活與社會生活也發生著改變。在兩湖，宗族制度發達，農民的生活基本控制在宗族組織之下。宗族組織的作用是兩方面的，一方面它控制著族眾的生活和思維方式，另一方面，也為族眾提供保護。在傳統時代，鄉村士紳依靠傳統道德維持著鄉村的和諧，但在近代以後，傳統士紳在鄉村中逐漸減少，而土豪劣紳逐漸把持鄉村政權。科舉制度的廢除和商品經濟的發展是傳統鄉紳向城市轉移的主要誘因，而在兩湖，大革命時期及其後的土地革命是另一大原因。在 30 年代的調查中，湖北各縣的鄉村公正士紳已較為少見，如嘉魚縣，「地方士紳公正這，以各市鎮為最多，鄉村甚少」；咸寧縣，「士紳多旅居武漢，在縣任事者甚少」；崇陽縣，「士紳，寄居武漢居多」；蘄春縣，「鄉區紳耆……缺乏培植社會觀念」；英山縣，「士紳多流寓於外省，間有少數居家，類多不肯任事」〔註 138〕這樣的例子在湖北比比皆是。在湖南瀏陽三口鄉，土地革命期間，有不少地主跑往長沙、瀏陽縣城避難，在鄉的地主遭到沉重打擊，在革命後該鄉的政治情況出現了巨大的變化，傳統地主衰落，宗族統治減弱，基層權力落於土豪劣紳之手。〔註 139〕在革命中，雖然有一些土豪劣紳受到打擊，但是更多的傳統士紳或者同樣受到打擊，或者害怕受到打擊不再干預鄉村政權。在逐漸失去傳統正直鄉紳勢力的保護後，國民政府又無法完成對基層的權力改造，普通農民在政治和社

〔註138〕湖北省政府民政廳編：《湖北縣政概況》，1934 年版，第 99、129、170、312、426 頁。

〔註139〕湖南省土地改革委員會：《瀏陽縣三口鄉調查材料》，1952 年，湖南省檔案館藏，全宗號：145，目錄號：1，卷號：93。

會生活上所受到的威脅以及由此產生的恐懼要遠超過民國之前的傳統鄉村社會。

由上觀之，就近代以來兩湖地區農民生活方式的轉變而言，經濟生活的轉變最為明顯，但政治與社會生活方式的轉變亦較為巨大，而對兩湖鄉村社會造成最大變動的無疑就是革命運動。那麼農民生活與革命運動又存在什麼樣的聯繫呢，下文我們將以土地革命為背景具體分析。

（二）農民生活與土地革命

有關中國革命的研究，可謂是汗牛充棟。一般認為，中國革命發生的原因在於中國農村的普遍貧困，而貧困的原因在鄉村地權的嚴重不均。學者黃道炫通過對東南農村土地佔有的研究認為，普遍貧困意味著農村具備革命的條件，「但在什麼情況下發生革命，在什麼地方形成革命中心，並不一定必然和當地的土地佔有狀況相聯繫，也不能單純用貧困加以說明。」〔註140〕需要說明的是，土地佔有狀況與貧困的聯繫並不是直線的，換言之，地權集中地區並不意味著比地權分散地區貧困，比如華北的地權較東南部分散，但東南部農民普遍較華北農民富裕。至於兩湖，如我們前文所論述，湖南山區地權較為分散，丘陵、濱湖平原則地權集中，但山區農民的生活水平整體上顯然不如丘陵、濱湖區。

在土地革命期間，兩湖地區是革命活動最為活躍的區域之一，中共在此建有多個根據地，這些根據地包括了多種自然環境類型，如湘贛革命根據地，多為山區；鄂豫皖根據地，內有鄂東幾個丘陵縣；作為湘鄂西根據地一部分的洪湖根據地，地形則以平原為主。因此，地形的差異應不是革命發生的主要原因，同樣，地形所造成的貧困不是革命發生的主要原因。但地形的差異決定著某區域是否有利於革命的發展，在兩湖的幾個根據地地形都是以山區為主，這種地形適合開展游擊戰。洪湖根據地雖然是平原地形，但是河蕩交錯，亦屬開展游擊活動的有利地形。

從歷史上看，中國農民向有反抗的傳統。這種反抗不僅僅包括大規模農民起義，也包括局部的抗稅、抗租活動，至於被斯科特所稱為「弱者的武器」的反抗活動——消極怠工、偷盜、謠言等——更是民間的常態。但另一方面，中國傳統農民又具有隱忍的特點，故反抗（革命）通常因一些條件，如農民

〔註140〕黃道炫：《一九二〇——一九四〇年代中國東南地區的土地佔有——兼論地主、農民與土地革命》，《歷史研究》2005 年第 1 期。

生活的極端惡化、外部力量的介入等。兩湖的革命的發生恰恰是符合這些條件的。我們以鄂東為例，在 20 世紀 30 年代前後，中共的調查表明，鄂東一帶地權並不集中，這在前文我們已經述及。在 30 年前後，鄂東一帶是土地革命的中心之一，共產黨在此異常活躍，陽新、崇陽、黃梅、通城等縣全境或者大部分區域都有共產黨活動，黃梅甚至有「小莫斯科」之稱。總體上，鄂東經濟條件較好，陽新、崇陽、通城等山區縣土地條件雖不佳，但亦有土產出口，如通山縣出產竹木、茶麻、山茶、桐子等，每年出口五萬多元。在收入分配上，經濟作物或者副業的分配較不合理，如黃沙十區的黃山紙，每年可得收入十餘萬元，豪紳和富農得利潤的 70%，自耕農、半自耕農得十分之 25%，貧農得 5%。〔註141〕從收入分配上說，貧農更有革命的動力。但在革命初期，貧農並不是革命的絕對主力，鄂東各縣共產黨員的組成貧農比例不佔優勢。

表 5.8：1929 年鄂東四縣共產黨員數量及成分比例

縣別	黨員數量	中農比例	貧農比例	富農比例	店員及手工業比例	知識分子比例
黃梅	1000	50%	30%	5%	10%	5%
廣濟	320	30%	20%		20%	30%
陽新	2000	40%	40%		10%	10%
大冶	1000	40%	40%		10%	10%
總計	4320	41.57%	36.21%	1.16%	10.74%	10.32%

資料來源：鄭湘坂、馬小彬、陳文樵等編：《湖北革命歷史文件彙集（特委文件）（一）一九二七年——一九三四年》，中央檔案館、湖北省檔案館 1985 年版，第 57 頁。

上表中，除了廣濟，農民都是占黨員比例的絕對多數，其中總和又以中農為最多。從各縣看，貧農占黨員數量的比例，以陽新、大冶為最高，但也並不佔優勢，與中農相當，黃梅、廣濟兩縣都低於中農。這說明鄂東貧農在參加革命方面一開始並沒有特別積極。1929 年是土地革命的起步階段，參加革命的風險較大，情理上說，中農尚能維持溫飽，參加革命的積極性應低於貧農。這或許在於宣傳上尚不到位。到革命蓬勃發展階段，貧農由於人數上的優勢，逐漸成為革命中的主要力量。這說明兩湖地區的貧困農民並不具備革命的先驅性，

〔註141〕鄭湘坂、馬小彬、陳文樵等編：《湖北革命歷史文件彙集（特委文件）（一）一九二七年——一九三四年》，中央檔案館、湖北省檔案館 1985 年版，第 139 頁。

但通過政治介入（宣傳）可喚起貧農的反抗意識，並最終成為革命的基礎力量。這表明，如果沒有政治介入，革命即使發生，若要順利發展也較為困難。

革命的先驅通常是外來者或者從外求學回鄉的知識分子。據學者劉昶的觀點，鄉村知識分子所受到的近代教育並不必然使他們成為激進的革命者，「使他們變得激進和革命的其他重要因素是他們的窮困惡劣的生活條件和工作條件。」〔註142〕貧困農民在後者（惡劣的生活條件和工作條件）與鄉村知識分子是相似的，但前者（近代教育）的缺乏使他們只能成為革命的基礎力量，而非先驅者。共產主義革命與以往農民起義不同的是，它具有高度理論化的指導，恰如亨廷頓的分析，「古巴成為共產黨國家時是拉丁美洲識字率第四高的國家，印度唯一選舉共產黨政府的邦——克拉拉邦也是印度識字率最高的邦。顯然，一般來講，共產黨更能吸引那些識字的人，而不是文盲。」〔註143〕在農民中，一開始能接受這些理論化事物的無疑是稍具備識文斷字能力的人，中農的識字人數比例應較貧農為高，故革命前期，黨員比例中農高於貧農亦屬合理。但革命最終要發展的是佔有農村中比例最高的貧農階層，因此，在革命的發展過程中，不僅貧農逐漸成為主力軍，而且越來越多的貧農成為革命的基層乃至中上層領導。下表是兩湖籍中共部分開國領導人和高級軍事將領少年時代家庭經濟情況，這些領導人和將領都是農民出身，從中我們可以管窺農民經濟與參加革命的關係。

表 5.9：部分兩湖籍開國領導人及高級將領幼年時期家庭經濟狀況

序號	姓名	籍貫	生卒年	建國初軍銜或主要職位	幼年家庭經濟狀況
1	毛澤東	湖南湘潭	1893～1976	中華人民共和國主席	「擁有 15 畝田地。這些田地每年可以收 60 擔穀。一家 5 口，每年食用共 35 擔——即每人 7 擔左右——有 25 擔剩餘。利用這個剩餘，我父親又積蓄了一點錢，過了一段時間又買了 7 畝地，這就使我家具有『富』農的地位了。我們當時每年可以收 84 擔穀。」

〔註142〕劉昶：《革命的普羅米修斯：民國時期的鄉村教師》，黃宗智主編：《中國鄉村研究》第 6 輯，福建教育出版社 2008 年版，第 68 頁。

〔註143〕（美）塞繆爾·亨廷頓著，王冠華等譯：《變化社會中的政治秩序》，生活·讀書·新知三聯書店 1989 年版，第 45 頁。

2	劉少奇	湖南寧鄉	1898～1969	中華人民共和國副主席	「（父親）劉壽生繼承了父親的六十畝土地，自己耕種三十畝，將遠離住地的三十畝租給別人耕種，另外又在附近租種土地十五畝。農忙時雇請一些零工幫助。」
3	彭德懷	湖南湘潭	1898～1974	元帥	「出生於一個中下農家庭。家有茅房數間，荒土山地八、九畝。」
4	賀龍	湖南桑植	1896～1969	元帥	「一家三代 11 口人，靠 3 畝薄田和賀士道（賀龍父親——引者）做裁縫所得的微薄收入維持生活。」
5	粟裕	湖南會同	1907～1984	大將	「祖父粟用耨，主要經營農業，兼做販運木材生意」
6	黃克誠	湖南永興	1902～1986	大將	「全家十口人，有水田、旱土各三畝。與他人合養了一頭耕牛，又佃種了五畝水田，平均每畝水田一年要繳三百斤租穀。如託天之福，趕上風調雨順，每畝水田可收穀四五百斤。像我這樣的家庭，碰上好年景，人不生病，勤苦勞作，牲畜平安，還可望湊合著半年吃米、半年尺紅薯雜糧度日。如果年景不好，或者人畜鬧點災病，那就只有欠債了。」
7	耿飆	湖南醴陵	1909～2000	外交部副部長	「我家借住在北鄉嚴家沖的耿氏祠堂。……我家窮得地無一壟，房無一間。」
8	王首道	湖南瀏陽	1906～1996	湖南省人民政府主席	「家境十分貧寒，房無一間，田無一畝。張坊地處山區，竹木豐盛，開設紙坊多，經營的多半是地主，工藝落後，一般都用竹枝經石灰漚爛製作成土紙。成品要運到瀏陽、長沙去出售。張坊是個集散地，父親每天要挑上百多斤的紙擔，從上洪到張坊，往返四五十里路，靠賺點腳力錢來維持一家九口的生活。」
9	鍾期光	湖南平江	1909～1991	上將	「父親租種余姓大地主的 75 擔穀維持一家人生活。……隨著家庭吃飯人口的減少，父母親又勤勞能幹，才慢慢地有些積蓄，買了 12 擔穀的自耕田。加上父親負責管理一部分族產，到我記事時，約莫是個普通中農的家境。」
10	宋任窮	湖南瀏陽	1909～2005	上將	「祖輩都是地主，到祖父一輩家庭開始破落。到父親宋國珍這一輩，家境日益貧寒。……父親因家庭經濟窘迫，曾打算把田地和房屋都賣掉。……由於母親的堅持，留下了幾畝田、幾間房屋和一小塊茶油山和柴山，勉強維持一家人的生活。」

11	李聚奎	湖南安化	1904～1995	上將	「我家共七口人，土地多半是坎田（旱田），完全靠天吃飯。」
12	楊得志	湖南醴陵	1911～1994	上將	「一無田，二無地，連住的兩間茅草破屋也是人家的。父親和叔父都是窮鐵匠。」
13	蕭克	湖南嘉禾	1907～2008	上將	「我的家庭算是書香門第。……我祖父活著時，家裏大概有十來畝水田。他死前分續弦的祖母和 5 個兒子各分得兩畝地。我父親後來又購置了一些田產，但數量不多。」
14	張平化	湖南酃縣	1907～2001	武漢市委書記	「我們村裏有黃安仁、黃安儒兩戶地主。他們有很多土地，我家中的田就是他們的。他們按60%以上的比例收地租，我們一年辛辛苦苦，所得不到40%。」
15	劉壽祺	湖南武岡	1901～1990	湖南省教育廳副廳長	「家有四畝薄田。」
16	陳錫聯	湖北紅安	1915～1999	上將	「17 口人……全家只有土房 8 間，薄田 10 畝，主要生活來源靠種田……租種了附近一家地主的 10 來畝佃田。」
17	劉震	湖北孝感	1915～1992	上將	「我家僅有田一斗半（『斗』是當地計量土地的單位，一斗約 0.5 畝），我父母親長年累月起早貪黑，勤勞終年，所收無幾，不夠糊口，母親不得不紡紗織布出賣，幹到五更雞鳴，也掙不來幾個錢賣糧。父親實在無法，便從本沖地主蕭秀山那裡租種了三斗田。」
18	陳再道	湖北麻城	1909～1993	上將	「我家有三斗田，是祖父留下來的。只要全家人辛勤耕作，每年能收穫兩千金稻穀，夠維持一家人的生活。我家還有三間土磚瓦屋，也是祖父留下來的。」
19	王平	湖北陽新	1907～1998	上將	「我的家庭，解放後按田畝數定為中農成分。實際上，解放前家境很貧困，常常是拆東補西，寅吃卯糧，家庭生活並夠不上中農的水平。」
20	王新亭	湖北孝感	1908～1984	上將	「十口之家，不到一石田，不得不租種地主一些土地，才能勉強度日。在我參軍之前，家境更加困難。為了還債，被迫把家中僅有的幾斗田也全部賣了，完全靠租種地主的土地過日子，租種近兩石田。」
21	秦基偉	湖北黃安	1914～1997	中將	「家裏有八畝水田，十來畝坡地。依靠自己的勞動，溫飽不成問題，還略有節餘。」

22	周純麟	湖北麻城	1913～1986	少將	「我的父輩，兄弟 4 人，只有 1 畝多田，主要靠種租田和到地主家幫工。」
23	劉華清	湖北禮山	1916～2011	少將	「我家很窮，沒有水田，只有幾塊貧瘠的山地，便租種了一家地主的水田。」
24	王誠漢	湖北黃安	1917～2009	少將	「我家的生活來源主要是靠租田來種。有租田二石，自田五斗，每年青黃不接時東借西湊，勉強糊口，有時連最低生活也無法維持。」

資料來源：1、馬連儒、柏裕江編：《毛澤東自述》（增訂本），人民出版社 1996 年版，第 14 頁。2、劉崇文、陳紹疇主編：《劉少奇年譜（一八九八——一九六九）》，中央文獻出版社 1996 年版，第 1 頁。3、彭德懷：《彭德懷自述》，人民出版社 1981 年版，第 1 頁。4、《賀龍傳》編寫著：《賀龍傳》，當代中國出版社 2007 年版，第 2 頁。5、中共江蘇省委黨史工作辦公室編：《粟裕年譜》，當代中國出版社 2006 年版，第 1 頁。6、黃克誠：《黃克誠回憶錄（上）》，解放軍出版社 1989 年版，第 2 頁。7、耿飚：《耿飚回憶錄（1909—1949）》，江蘇人民出版社 1998 年版，第 1 頁。8、王首道著：《王首道回憶錄》，解放軍出版社 1988 年版，第 2 頁。9、鍾期光：《鍾期光回憶錄》，解放軍出版社 1995 年版，第 2 頁。10、宋任窮《宋任窮回憶錄》，解放軍出版社 1994 年版，第 3 頁。11、李聚奎：《李聚奎回憶錄》，解放軍出版社 1986 年版，第 1 頁。12、楊得志：《楊得志回憶錄》，解放軍出版社 1993 年版，第 3 頁。13、蕭克：《蕭克回憶錄》，解放軍出版社 1997 年版，第 3 頁。14、《張平化回憶錄》，湖南人民出版社 1989 年版，第 1 頁。15、《劉壽祺革命回憶錄》，湖南師範大學出版社 1994 年版，第 6 頁。16、陳錫聯：《陳錫聯回憶錄》，解放軍出版社 2004 年版，第 6～7 頁。17、周純麟：《周純麟回憶錄》，中共黨史出版社 2005 年版，第 2 頁。18、劉震：《劉震回憶錄》，解放軍出版社 1990 年版，第 15 頁。19、陳再道：《陳再道回憶錄》，中國人民解放軍出版社 2009 年版，第 2 頁。20、王平：《王平回憶錄》，解放軍出版社 1992 年版，第 1 頁。21、秦基偉：《秦基偉回憶錄》，解放軍出版社 1996 年版，第 3 頁。22、王新亭：《王新亭回憶錄》，解放軍出版社 2008 年版，第 2 頁。23、劉華清：《劉華清回憶錄》，解放軍出版社 2007 年版，第 2 頁。24、《王誠漢回憶錄》，解放軍出版社 2004 年版，第 5 頁。

　　上表中，毛澤東、劉少奇、粟裕早年的家庭條件，雖稱不上富有，卻也都是有產之家，毛澤東家庭在土改時定為「富農」；劉少奇家庭擁有 60 畝土地，遠高於湖南農戶平均佔有土地；粟裕家庭則經營木材生意，家境殷實。他們受到較為良好的教育，也較早接觸共產主義思想，毛澤東是中國共產黨的創始人

之一，粟裕則在 1926 年加入共產主義小組，接受共產主義信仰。〔註 144〕他們成為革命的先行者，與家庭經濟較好有關。家庭經濟較差的，在接受革命思想的同時，也有處於生存的考慮，比如李聚奎在參加革命前的考量是：「國民革命軍買賣公平，不擾民眾，深得人民群眾的擁護和支持……同時也覺得國民革命軍中待遇高，士兵每月有七八元薪餉，除維持個人生活外，還能寄點錢回家。」〔註 145〕

表中鄂籍將領早年家庭條件普遍較差。從年齡上看，湖北 9 位將領參加革命時的年齡都較小，最大的王平也僅在 20 歲上下。這 9 位將領最初參加革命的時期都是在土地革命時期，早年是屬革命洪流中的浪花，到後來南征北戰才脫穎而出，逐漸成長為高級將領。

總體上說，兩湖的開國元勳們除了少數人，早年家庭經濟條件都較差。經濟條件較好的革命者，家庭經濟顯然不是參加革命的理由，但對家庭經濟條件差的革命者，這一點如果不是主要理由的話，至少也是主要原因之一。貧困大眾參加革命不僅僅是一種改造社會的理想，在某種程度上，參加革命更是一種謀生手段。

在共產革命進入中國之前，貧窮農民為生活離鄉，或做工，或從軍，或投匪，皆為常見。在兩湖，後二者較他省為多，湖南自晚清以來從軍者眾，有「無湘不成軍」之說；至於匪患，兩湖皆為常見，匪氛較熾的有湘西、鄂北、鄂西北等地，從者甚眾。與雇工、從軍不同，投匪是一種「越軌」行為，不勞而獲的同時亦具有較大的風險，除非是亡命之徒或者著實走投無路，一般民眾避之不及，不會參與其中。革命則是另一種形式的「越軌」，故革命者被國民黨政權稱為「匪」，參與者同樣有很大的風險。早期的革命者我們可以認為是理想的冒險者，這些革命先驅們有不少出身於有產之家為多，普遍受過良好教育，在求學或者其他途徑接觸並接受共產主義。對貧苦農民來說，他們或者沒有受過教育，或者僅能勉強識字，接受共產主義理論較為困難，革命的宣傳者們只有通過宣傳農村的貧富差距激發他們的反抗意識。當革命發展到一定階段，「越軌」的風險因參加人數的增加而降低，卻又能帶來利益時，參與進來的人數便越發增加。這樣的狀況使革命的發展貧窮農民得以翻身的同時，也使鄉村的一些流氓無產者渾水摸魚。因此，革命的發展與農民

〔註 144〕粟裕：《粟裕戰爭回憶錄》，解放軍出版社 1988 年版，第 19 頁。
〔註 145〕李聚奎：《李聚奎回憶錄》，解放軍出版社 1986 年版，第 5 頁。

的生活狀況是必然相關的，但革命的發生與農民的生活狀況沒有直接的聯繫，它來源於早期先驅者的探索與實踐。換言之，農民生活的貧困化是革命勝利的直接原因，卻不是革命爆發的直接原因。

結　語

通過前文的論述，我們可以對 20 世紀前半期兩湖地區土地關係和農民生活做如下結論：

第一，兩湖地區自然條件優越，特別適合主要的糧食作物水稻和經濟作物棉花的生長，而多樣的地理和氣候條件又導致了作物的多樣性，特別是湖北省，作物結構兼具南北特色，同時，隨著近代工業（特別是輕工業）、交通等方面的發展，兩湖地區的農業商品化也隨著發展，農業結構發生巨大變化，經濟作物在兩湖地區農業中佔有越來越重要的位置。這些因素是對 20 世紀前半期兩湖地區農業生產有利的一面。這一時期同樣存在著大量對農業生產不利的因素，這些因素包括因過度開發造成自然災害的頻繁、戰亂頻繁造成政治局面的動盪和賦稅負擔的加重、鄉村基層權力的土劣化以及不良社會風氣的盛行等。綜合上看，社會的不穩定給兩湖農業生產造成的負面影響是主要的，在這半個世紀，除了國民政府期間所謂的「黃金十年」，兩湖地區的農業基本沒有發展，甚至不停地遭到破壞。因此，整體來說，20 世紀前半期兩湖地區的農業環境不利於農業發展。

第二，地權問題是傳統社會農村問題中的核心問題。儘管兩湖地區的地權分配遠沒有我們以往認識的那般集中，但地權不均還是非常明顯的，主要表現：為一方面，兩省都存在著大量的無地戶，另一方面，僅擁有少量土地的農戶佔了絕大多少。同時，湘鄂兩省的地權分配又有各自特點，在私有耕地的分配方面，湖南省大體表現為濱湖平原區最為集中，丘陵區次之，山區較為分散的特點，而湖北省則相反，山區地權最為集中，丘陵區次之，平原區較為分散，特別是江漢平原，作為一個省的核心農業區，地權分散的情況

在全國都比較罕見。從地權變動的趨勢看，兩湖地區這一期間的地權雖然有些地權有集中現象，但總體上呈分散趨勢，地權流動的頻率加快。但這一時期地權流動並不全部是市場的結果，包括苛捐雜稅、農家負債、土地革命以及社會不良風氣等因素都是地權流動加快的原因。

第三，在土地利用方面，兩湖地區人地關係的緊張雖然使農業生產在勞動力方面有充分勞動力資源，但是土地的零碎化、農具的落後與缺乏、耕畜及肥料的不足又使兩湖良好的土地條件無法充分發揮出來。在 20 世紀二三十年代，兩湖地區的農業生產力達到近代的最高水平，也可能勉強達到了清代的最高水平，但土地的潛力並沒有得到充分發揮。

在租佃關係上，兩湖的土地出租率總體在 40%～45%左右，租佃期限大部分為不定期租佃，但湖北也存在一定比例的永佃制。兩湖地區大部分地區存在著押租制度，通常是押租高地租低，押租低則地租高，這也成為鄉村社會貧富分化的原因之一。兩湖地區的地租形態以定額租為主，分成租次之，貨幣租最少。租率上，情況較為複雜，大體上，湖南的實際平均租率在 45%～55%之間，而湖北在 40%～50%左右。但兩湖不同地區，地租率差距較大，從30%到 60%皆較為常見，甚至零租率和 80%以上亦存在，這樣的情況與押租的輕重與實際收成有關。在 20 世紀前半期，兩湖地區的主佃關係並非純粹對立的階級關係，在某些地區仍然存在傳統上超越經濟關係的「主僕」關係，但是單純的經濟關係成為主流，同時，在民國中後期，由於革命的宣傳，主佃出現一定程度上的對立，但這種緊張關係在兩湖並不普遍。

在雇傭關係上，兩湖缺乏所謂的「經營地主」，大地主的土地基本用於出租，而雇工的農戶通常是耕地在 6～10 畝的自耕農，耕地在 2～6 畝的農戶一般有足夠的勞動力，但在農忙時會雇零工勞作。雇工分為長工和短工，長工多為無土地無家庭的農民，而短工則有少量土地，雇工為其副業以增加家庭收入。湘鄂兩省雇工的工資在各地區相差懸殊，平均而計，在 20 世紀二三十年代，湖南省的雇工工資要高於湖北省，湖南省年工工資接近 50 元，而湖北省僅 30 元左右。除了工資，長工很少有其他收入，雖然能維持個人生活，但無法以此養家。

第四，商品經濟的發展是解決傳統社會農村人地矛盾的主要方法之一。在兩湖，20 世紀以後商品經濟的發展使農業商品化程度加深。在抗日戰爭前，湖北省糧食作物進入流動領域不到總產量的 3%，這主要是因為經濟作物的廣

泛種植。湖北省主要經濟作物為棉花、麻、茶葉、煙草、桐油等，出口量上，以棉花為最多，且商品率要在 70%以上，煙草、桐油的商品率亦在 70%以上，桐油甚至輸出量的 90%以上是輸往國外。湖南省的農業商品化程度較湖北為低，輸出的農產品主要是稻穀，平均商品率不到 10%，而經濟作物如棉花、煙草等雖然有所發展，但是對整體經濟而言，重要性遠遠低於湖北省。

　　農業商品化的發展對兩湖地區農戶的作物選擇產生了重要影響。一般來說，首先影響農戶作物選擇的因素是地理環境，兩湖適合稻穀生長，在農業大開發階段，需要優先保障生存的情況下，水稻種植發展迅速，並成為兩湖地區最重要的輸出產品。隨著商品經濟的發展，農戶在種植作物的選擇上也越加考慮利潤，湖北省對棉花的需求在清末武漢工業的發展中有爆炸性增長，棉花的種植也迅速發展，到民國中期時，棉花的種植面積和產量可達到全國第二，湖南也不乏在一些地區經濟作物的種植占作物的主要部分的例子，這些說明兩湖地區的農戶都具有「經濟理性」。兩湖地區經濟作物的種植差距較大，除了地理條件和耕地類型的不同外，與市場信息獲取的不同有關。湖北由於交通的優勢，市場信息的流通較湖南通暢，農戶更容易根據市場信息選擇作物。

　　第五，如在緒論中所言，我們研究的問題最終指向農民的生活問題。在土改調查中，作為農村社會的中產，兩湖地區的中農普遍僅能勉強度日。在收入方面，湘鄂兩省中農的收入皆以農業為主，但湖南省中農副業收入占總收入的比例要高出湖北省不少，而在農業收入上，經濟作物在湖北省中農的收入中占較大比重，湖南省雖然總體上經濟作物不如湖北省發達，但一些地方的經濟作物在家庭經濟中占重要地位，這些地區主要是耕地少且副業不發達的地區。

　　在支出結構方面，食物的支出佔了主要部分，即使如鄂城、長沙等兩湖地區較為富裕的區域，中農食物支出通常要占到總支出的 60%以上，以恩格爾系數標準，屬絕對貧困水平，同時，中農的食物結構也較為單調，大部分農戶只有在豐年過節或招待客人時才能吃到肉。中農在生產支出和教育支出上所佔比例很小，這是阻礙農業和農戶家庭發展的重要因素。

　　婦女在 20 世紀前半期兩湖地區的農家經濟中的地位亦佔有重要地位，主要體現在兩湖婦女從事農業生產是較普遍的現象，同時，婦女亦從事副業生產。兩湖地區婦女從事的副業主要是家畜飼養和紡織，另有不同自然條件和

經濟環境決定的特殊副業，比如江漢平原的捕魚、播蓮子，湖南醴陵的鞭炮業等。但兩湖地區婦女在生產方面的作用與江南和華北還有較大差距，在農業生產的勞動量上，兩湖地區婦女較後兩個地區為低，而可從事的副業種類過少，同時，兩湖地區的紡織手工業發展與江南和華北存在一定的差距，婦女在家庭經濟方面的作用不如江南和華北大。

在 20 世紀前半期，兩湖地區的農民生活經歷了巨大變化，家族主義有削弱趨勢，隨著革命的興起，鄉村中的有產者和無產者的對立也逐漸尖銳化。在消費方面，鄉村民眾也越來越多選擇煤油、洋紗、洋布等舶來品，這一變化以江漢平原、湘北、湘中一帶交通便利之處最為明顯，到民國中後期，偏遠地區的社會風氣也發生了緩慢的變化。儘管如此，兩湖地區農民的生活是普遍貧困的，這是土地革命發展的主要原因。但農民不具有先驅性，革命爆發的原因並非是農民的貧困，而是外在政治力量介入的結果。

有關土地關係的研究最終指向農民的生活問題。20 世紀前半期兩湖地區的農民生活是普遍貧困的。但有一個問題需要注意，即農民的普遍貧困與地權分配不均有多大關係。從兩湖看，湖北省的人均耕地在 2 畝左右，而湖南則不到 2 畝，即使平均分配，以當時的農業生產力，僅能達到溫飽甚至只是勉強糊口。兩湖大部分地區的副業於家庭收入僅能起到些許補充作用。因此，以 20 世紀前半期兩湖的耕地條件和生產水平，即使地權平均，農民亦很難過上衣食無憂的生活。地權不均則加劇了大部分農民的貧窮程度，甚至有相當部分的農民因地權不均生活朝不保夕，生存受到巨大威脅。因此，地權不均被人詬病的原因之一就在於少部分地主的生活水平遠高於平均水平，而相當部分的農民因缺乏土地生存得不到保障。這是一個經濟問題，同時也是一個社會問題。這是土地改革需要解決的問題。

據巴林頓·摩爾的觀察，在對中華帝國官僚制度的研究中，「西方學者竭盡全力否定土地所有權與政治職位之間的關聯，而馬克思主義者則反過來同樣竭盡全力地希望能夠在這兩者之間建立起關聯。」[註 1] 顯然，雙方因各持意識形態立場各走了極端。傳統中國鄉村社會地權分配的自然形態取決於兩個因素，一是土地的自由買賣，二是諸子平分家產的習俗，前者決定地權集中的速率，後者決定地權分散的速率。從邏輯上講，在沒有外部資本介入而農業利潤

〔註 1〕 （美）巴林頓·摩爾著，王茁、顧潔譯：《專制與民主的社會起源——現代世界形成過程中的地主和農民》，上海譯文出版社 2013 年版，第 165 頁。

有限的情況下，在傳統社會後期，隨著人口的急劇增長，地權分配不會趨於集中。而依照珀金斯的解釋，在中國農業利潤很低的情況下，購買土地的資金一般來自農業部門以外，這些資金的持有人主要是軍政官員、商人和高利貸者。當這些資金流向土地時，通常選擇土地報酬率高、市場條件好的地區，這是東南沿海一帶和長江流域租佃率高的主要因素。〔註2〕在理論上，在珀金斯的解釋中很難說有政治因素在裏面，因為即使官員購買土地也要通過市場供求來進行。但土地集中和政治權力的關聯卻是較為普遍的，前文我們分析過洞庭湖區不少大地主都是軍政官員，而秦暉對關中地區的研究亦可為此佐證。「在關中，凡地主大都必須是有權勢者，但反過來說，有權勢者卻不一定需要成為地主。」〔註3〕如果把政治權力的範圍擴展至傳統鄉村政治秩序中的宗族權力，土地所有權與政治權力之間的聯繫更為普遍。一方面，宗族權勢人物可借助族權強買本族農民耕地，另一方面，有勢力的宗族通過強佔耕地來增加本族公田，如清末廣東中山縣，「儘管政府的政策是開闢新地讓貧民進行最初的耕作，但富裕的宗族實際上卻以私人的名義予以侵佔；即使地界已經標出，比較強大的宗族仍會侵佔比較弱小的宗族的田地，往往不惜使用暴力，乾脆更換界標。」〔註4〕

　　政治權力是地權集中的重要因素，但與其說土地所有權與政治權力密切關係的普遍性，不如說「權力尋租」在傳統中國社會具有普遍性。這種「尋租」行為不僅僅在於通過權力侵佔土地，也在於利用權力強取豪奪，典型的如前文提起的秦暉先生所研究的關中地區。〔註5〕當監管不靈，地方權力失控時，傳統鄉村社會會出現兩個後果，一是地權集中，農民受經濟剝削，二是土劣橫行，農民受權勢壓榨，二者或同時出現，或出現其一。但是，「監管不靈，地方權力失控」這一限定又表示，這個結論具有特殊性。事實上，前文提及關中地區和廣東中南部都有明顯的區域特點，前者惡霸橫行，後者宗族組織發達。前者能夠在短時間內導致地權集中（在秦暉的研究中，關中地區雖然惡霸橫行，但地權分散，原因在於關中地區土地條件不佳，佔有土地獲

〔註2〕　（美）珀金斯著，宋海文等譯，伍丹戈校：《中國農業的發展（1368～1968）》，上海譯文出版社1984年版，第116～117頁。

〔註3〕　秦暉、金雁：《田園詩與狂想曲——關中模式與前進帶社會的再認識》，語文出版社2010年版，第64頁。

〔註4〕　陳翰笙：《解放前的地主與農民——華南農村危機研究》，中國社會科學出版社1984年版，第32頁。

〔註5〕　秦暉、金雁：《田園詩與狂想曲——關中模式與前進帶社會的再認識》，語文出版社2010年版，第59～60頁。

得的利益遠不如利用權力直接掠奪財富高），而後者的（族田）地權相對固化，此二者最不利於地權的分散，故惡霸地主的土地和宗族土地最先成為革命剝奪的對象，在土地革命的初期已經有所執行。同時，由於惡霸地主和宗族集團地主具有頑固性，亦成為政治打擊的主要對象。

在兩湖地區，惡霸地主和宗族集團地主同樣也大量存在，但普通地主仍然占大多數，而在 20 世紀 50 年代初的土地改革中，土地被剝奪分配給無地少地戶最多的也正是普通地主以及富農。我們知道，無論任何國家和地區進行土地改革，最重要的原因是保障占農民人口絕大多數的無地戶和少地戶的生存，從而穩定社會。但如我們前文所提到的，在私有制條件下，地權不均是正常現象。土地改革平均化了地權，但隨著時間推移，土地自由買賣會使地權重新趨於不均，如長江中游湘鄂贛三省 1952 年至 1953 年土地買賣關係迅速增加，同時，租佃關係也呈現相同變化趨勢，說明地權又逐漸出現不均。到 1953 年下半年由於中共農村政策出現轉變，才使土地買賣逐漸減少。〔註6〕換言之，如果放任土地自由買賣，地權會在短時期內重新趨於集中，中國大陸通過土地集體化解決這個問題。那麼，對那些實行私有制的國家和地區，土地改革的意義是什麼呢？

二戰後，除中國大陸外，世界上還有不少國家和地區進行了土地改革，如臺灣地區、日本、韓國以及拉丁美洲數個國家，這些國家和地區基本上是實行私有制度，土地改革所帶來的地權分散無疑是不會長久的。隨著人口的增加，土地買賣加快，地權再次出現不均後，如經濟類型仍是傳統的，農村中會再次出現大量因缺地少地產生的貧困人口，土地改革的成果則因此逐漸喪失。而解決這一惡性循環的主要途徑就是實現工業化，轉移農村勞動力。

不少農業國家或發展中國家（地區）在實行工業化初期，都重視解決土地問題，如韓國、新加坡、臺灣和香港「四小龍」和泰國、馬來西亞等，都是沿著這樣的途徑發展。〔註7〕我們以臺灣地區為例，國民黨對臺灣的調查顯示，1949 年前後人均耕地僅 1.68 畝（0.112 公頃），農業人口人均耕地約為 3.16 畝，〔註8〕人均耕地甚至比兩湖地區略低一些，大致也僅勉強溫飽或糊口。「有

〔註6〕 張靜：《建國初期長江中下游地區鄉村地權市場探微》，中國社會科學出版社 2011 年版，第 77～89 頁。

〔註7〕 張培剛：《發展經濟學通論》，第一卷，《農業國工業化問題》，湖南出版社 1991 年版，第 8～9 頁。

〔註8〕 陳誠：《臺灣土地改革紀要》，中華書局 1961 年版，第 4 頁。

田自耕者，戶少而田多，佃耕他人田地者，戶多而田少，土地分配利用之失調，可謂明顯已極。其結果當然造成農村貧者愈貧富者愈富現象。」〔註9〕據統計，1948 年僅占農戶總數 11.7%的地主，佔有臺灣總耕地數的 56%，而占農民總數 88.3%的農民，僅占耕地總數的 22.4%。〔註10〕這個數據與章有義、周錫瑞等學者對中國大陸的估計數字較為接近。由於戰爭的破壞，戰後臺灣經濟混亂，工業、農業都呈現大幅度衰退。臺灣的工業在日本殖民統治的最後 5～10 年有較大發展，但是這一時期發展起來的企業絕大部分「小規模」和「臨時性」，同時工廠「乃以食料品工業占絕對的多數。」〔註11〕因此，農業復蘇對戰後初期整個臺灣經濟有著重大的意義，同時，國民黨統治大陸時期農村問題亦是前車之鑒，不解決農村問題，亦無法建立穩固的統治。

　　臺灣於 1949 年到 1952 年完成了土改，農村經濟開始復蘇，這三年被認為是臺灣經濟發展的過渡期，「土地改革」和「美援」為臺灣在戰後的經濟發展奠定了基礎。土地改革首先穩定了臺灣的政治、經濟形勢，這是臺灣經濟發展的首要條件。隨著農業的復蘇和發展，工業方面發展也逐漸得益，臺灣農業在為本地工業提供原料的同時，又大量出口以換取島內較為短缺的工業原料。1963 年，臺灣的工業生產在經濟結構上首次超過農業，經濟進入起飛階段。〔註12〕隨著工業的發展，臺灣的就業結構也發生了變化，1973 年，工業就業人口占總人口的 33.98%，首次超過農業就業人口。從 1952 年～1985年，工業就業人口增長 4.3 倍，服務業就業人口增長 2.9 倍，而農業人口則減少了 15.5 萬。〔註13〕自此，臺灣地區的工業化順利完成，農村問題不再成為社會經濟中的主要問題。

　　結合臺灣的例子看，土地關係問題在農業社會工業化的進程中主要存在以下阻礙，第一，地權的集中造成農村中大量的貧困人口，並可能會因為租佃問題產生大量糾紛，成為社會不穩定的隱患；第二，地主佔有農業產出的主要剩餘，但是很少投入到工業領域，同時地主為了減少賦稅支出，會有瞞地問題，這就降低了國家稅收收入，從而導致工業化的投入減少。因此，土地改革是大多數農業國家邁入工業化社會的第一步。土地改革對工業化的意

〔註 9〕　陳誠：《臺灣土地改革紀要》，中華書局 1961 年版，第 9 頁。
〔註 10〕　范愛軍：《臺灣經濟研究》，濟南出版社 1995 年版，第 7 頁。
〔註 11〕　周憲文編：《臺灣經濟史》，臺灣開明書店 1980 年版，第 524～528 頁。
〔註 12〕　張海鵬、陶文釗主編：《臺灣史稿》，鳳凰出版社 2012 年版，第 449～464 頁。
〔註 13〕　范愛軍：《臺灣經濟研究》，濟南出版社 1995 年版，第 364～365 頁。

義在於，第一，分散地權穩定了社會環境，這是工業化的一個前提條件，從某種意義上說，土地改革為工業化爭取了時間。第二，土地改革同時是一次土地調查，通過調查可以掌握大量被隱瞞的土地，增加賦稅，從而獲得工業化進程中的更多資金。同時，農民獲得土地，提高了勞動積極性，有助於農業的發展，一方面為工業化提供更多的資金支持，另一方面也為工業領域提供原料。一個穩定的社會環境和強大的資金支持是農業國家在工業化進程中最為重要的條件，對 1949 年後的中國，工業化尤其需要這兩方面的支持，因此，當前有輿論以土地改革中出現了大量過激行為而全面否定土改，是過於偏激的。當然，中國大陸的土地改革與臺灣、日本等國家與地區的情況又不同，它更複雜、更具顛覆性，同時土地改革後不久就實行了集體化，土地改革究竟有多大的成果，還需要深入研究。

附　錄

附錄 1：1936 年湖北省五種重要作物估計產量分布圖

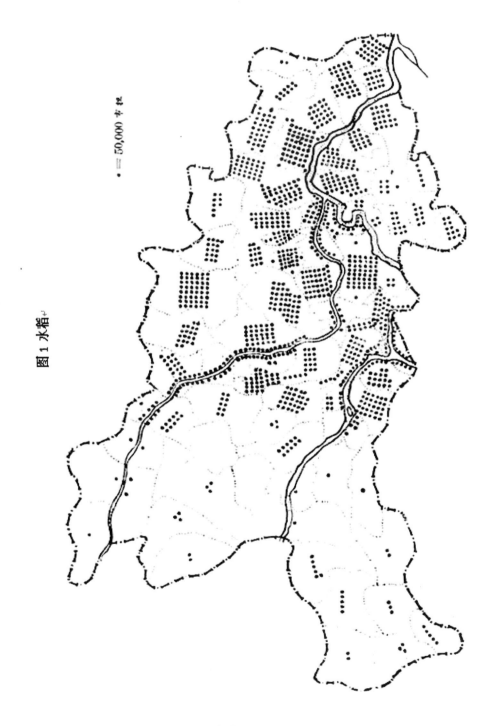

圖 1 水稻

• ＝ 50,000 市担

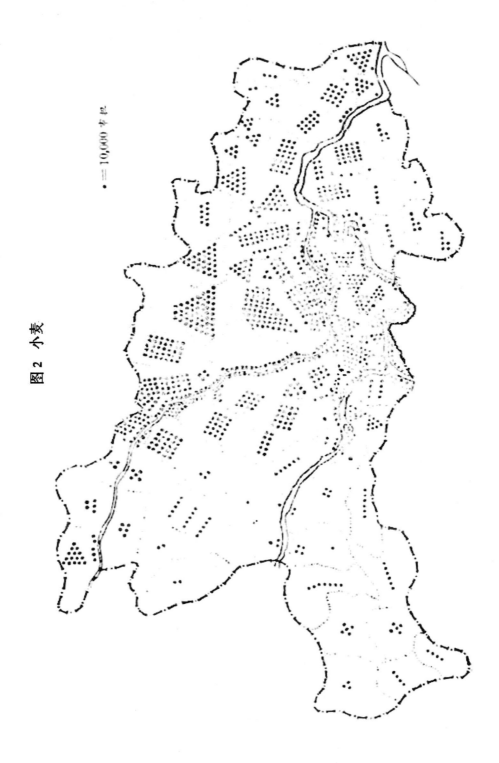

图 2　小麥

• = 10,000 市畝

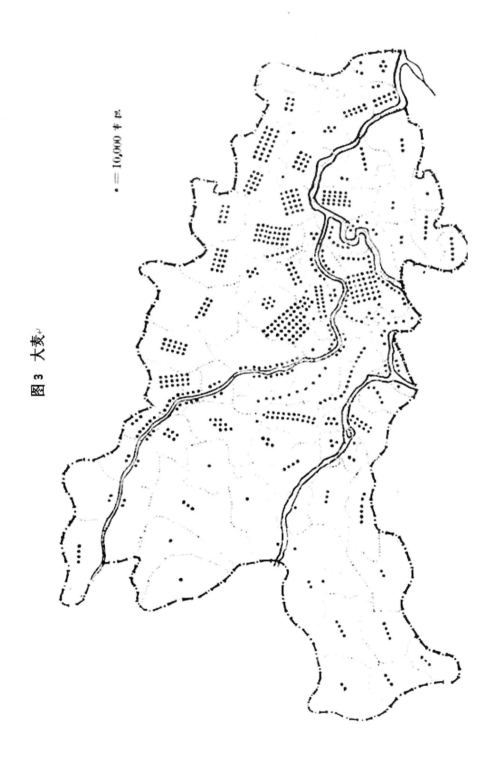

图 3　大麦

• ＝ 10,000 千瓩

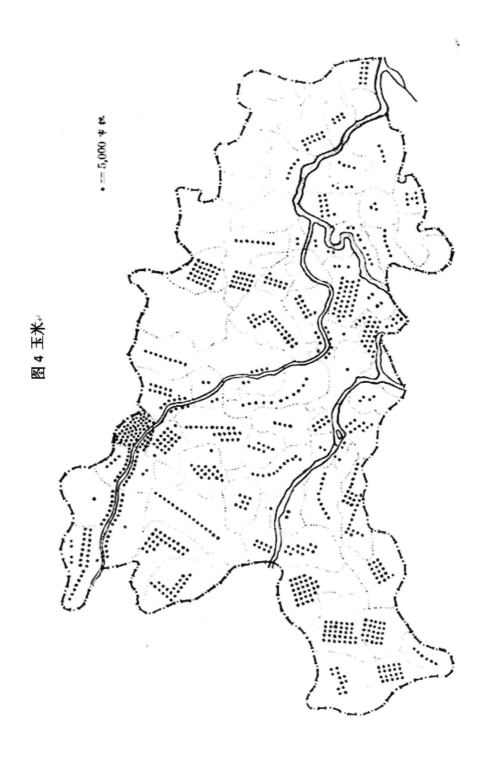

图 4 玉米

•二5,000 市畝

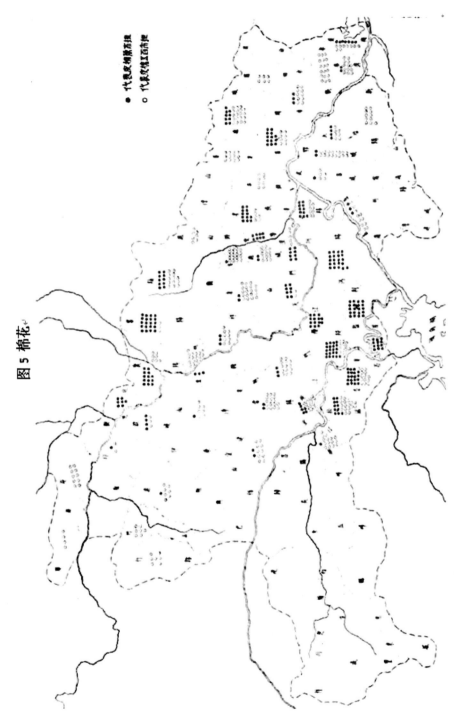

圖 5　棉花

資料來源：湖北省政府秘書處統計室：《湖北省年鑒（第一回）》，1937 年版，第 170、
　　　　171、172、173、206 頁。

附錄 2：1929 年湖南省自治籌備處調查農田分配狀況

縣別	農田總畝數	每農戶平均攤得畝數	每人平均攤得畝數	自耕農百分數	半自耕農百分數	佃農百分數
長沙	1,020,096	12.85	0.77	30.33	9.51	60.16
湘潭	1,646,668	15.28	1.55	25.10	12.37	62.53
湘陰	978,534	10.59	1.38	32.41	28.95	38.64
寧鄉	904,178	11.48	1.34	39.19	14.45	46.36
瀏陽	940,244	12.17	1.15	33.32	19.31	47.37
醴陵	551,017	7.07	0.96	24.17	21.74	54.09
益陽	1,466,999	16.21	1.84	50.94	17.25	31.81
湘鄉	1,039,106	8.32	0.82	31.18	15.76	53.06
攸縣	548,268	9.14	1.50	10.20	26.21	63.59
安化	509,954	6.67	0.78	64.91	21.58	13.51
茶陵	317,685	6.40	1.15	28.37	30.19	41.44
岳陽	398,694	8.88	0.86	57.13	17.10	25.77
臨湘	268,720	7.03	1.09	49.32	26.35	24.23
華容	597,842	18.47	1.97	34.06	11.14	54.80
平江	436,028	6.77	0.80	31.87	21.35	46.78
邵陽	1,234,021	9.73	0.82	46.25	17.31	36.44
新化	625,553	5.84	0.76	41.68	25.26	33.06
武岡	867,816	8.86	1.10	52.19	16.62	31.19
城步	254,787	18.04	2.68	59.65	11.26	29.09
新寧	222,471	6.67	1.08	27.81	19.76	52.43
衡陽	1,478,268	9.30	1.09	26.82	27.28	45.90
衡山	700,775	10.70	1.40	21.63	23.09	55.28
耒陽	510,027	5.26	0.86	40.88	24.03	35.09
常寧	487,484	9.54	1.15	34.78	21.69	43.53
安仁	234,933	8.89	1.36	32.85	29.76	37.40
酃縣	107,103	4.97	0.90	17.54	28.46	54.00
零陵	534,261	9.89	1.23	43.93	21.77	34.30
祁陽	656,188	8.02	0.76	31.34	23.72	44.94
東安	563,246	14.35	2.53	24.86	22.56	52.58
道縣	333,613	6.05	1.03	59.25	17.73	23.02
寧遠	358,614	9.96	1.10	33.80	38.63	27.57
永明	167,253	8.41	1.48	42.30	24.40	33.30
江華	139,109	5.27	0.75	61.37	19.85	18.78
新田	179,615	8.26	1.17	51.09	26.58	22.33
桂陽	345,998	4.79	0.96	41.28	39.65	19.07
臨武	182,851	6.49	1.31	39.60	32.53	27.87

藍山	185,031	6.71	1.44	43.58	21.30	35.12
嘉禾	369,792	18.73	2.73	59.04	22.01	18.95
郴縣	389,471	9.61	1.63	26.84	46.80	26.36
永興	286,839	5.53	0.98	30.79	29.36	39.85
宜章	249,487	6.40	1.17	22.80	28.60	48.60
資興	342,471	11.38	2.14	14.86	35.82	49.30
汝城	242,244	9.01	1.58	13.177	34.98	51.85
桂東	150,497	7.41	1.18	10.67	21.78	67.55
常德	686,174	9.59	1.05	49.87	18.62	31.51
桃源	1,035,459	11.59	1.87	51.55	22.68	25.77
漢壽	710,066	13.33	1.71	51.60	15.09	33.31
沅江	592,901	18.50	2.25	25.93	15.72	58.35
南縣	505,752	23.98	1.99	22.27	4.22	73.51
澧縣	920,833	8.54	1.35	42.17	13.13	34.70
石門	210,988	5.28	0.67	72.44	1.58	25.98
安鄉	554,641	20.70	2.54	16.09	7.44	76.47
慈利	253,018	6.30	0.77	65.53	15.68	18.79
臨澧	343,376	9.04	1.38	40.61	33.07	26.32
沅陵	360,993	8.12	1.05	84.50	6.50	9.00
瀘溪	100,170	5.49	0.95	79.60	11.46	8.94
辰溪	161,384	9.50	1.03	44.58	22.46	32.96
漵浦	296,272	10.06	0.92	33.75	20.73	45.52
永順	501,246	15.50	2.25	41.86	35.56	22.58
龍山	402,738	14.89	2.05	74.74	8.62	16.64
保靖	83,461	5.53	0.62	75.31	10.25	14.44
芷江	291,800	10.93	1.35	42.01	20.86	37.18
黔陽	312,871	12.05	1.46	32.28	20.38	47.34
麻陽	150,561	10.53	1.39	53.98	17.65	28.37
靖縣	146,599	15.19	1.99	59.11	15.05	25.84
會同	100,545	8.20	0.61	58.99	14.66	26.35
通道	37,702	8.55	1.42	70.10	11.63	18.27
綏寧	209,671	7.98	1.27	57.08	15.87	27.07
永綏	110,235	6.03	0.92	70.79	8.46	20.75
鳳凰	83,518	4.90	0.63	82.99	4.99	12.02

資料來源：潘鴻聲：《湘省農業述略》，《實業統計》1935 年第 4 期。

附錄 3：1936 年湖北省各縣市農田經營者分類

縣市	戶數				百分比		
	共計	自耕農	半自耕農	佃農	自耕農	半自耕農	佃農
總計	3119740	1371045	301769	957126	44	10	31
武昌	37960	18980	11388	7592	50	30	20
漢陽	28710	20097	4306	7307	70	15	15
嘉魚	25410	20328	3303	1779	80	13	7
咸寧	23360	3504	11680	8176	15	50	35
蒲圻	29920	7480	10472	11968	25	35	40
崇陽	38640	19320		19320	50		50
通城	20480	11336		6144	70		30
通山	14800	10360		4440	70		30
陽新	59630	11926	17889	29815	20	30	50
大冶	30810						
鄂城	50530						
黃岡	128160	64080	38448	25632	50	30	20
浠水	68000	47600		20400	70		30
蘄春	46560	18624		27936	40		60
廣濟	43470	17388		26082	40		60
黃梅	44000	13200	17600	13200	30	40	30
英山	23200						
羅田	18020	5406		12614	30		70
麻城	88560	61992		26568	70		30
黃安	51590						
黃陂	79200	55440		23760	70		30
禮山	33600	20160		13440	60		40
孝感	102700	82160		20540	80		20
雲夢	34920	24444		10476	70		30
漢川	19760	15808		3952	80		20
應城	23520	11760		11760	50		50
安陸	41600	16640	12480	12480	40	30	30
應山	61600	24640		36960	40		60
隨縣	13410	6705	4023	2682	50	20	30
鍾祥	54500	10900	27230	16350	20	50	30
京山	81120	48672		32448	60		40
沔陽	123240	86268		36972	70		30
潛江	71080	46913		24167	66		34
監利	64400	32200	16100	16100	50	25	25
石首	33020	23114		9906	70		30

公安	33800	6760	6760	20280	20	20	60
松滋	40320	16128	16128	8064	40	40	20
枝江	17640	8820	3528	5292	50	20	30
江陵	109350						
荊門	76300	53410		22890	70		30
宜城	36900	29520		7380	80		20
棗陽	44800	13440	20160	11200	30	45	25
襄陽	79200						
光化	32680	16440		16440	50		50
穀城	37740	13209		24531	35		65
保康	16590	3318	4148	9124	20	25	55
南漳	78300	31320	27405	19575	40	35	25
遠安	9400	6580		2820	70		30
當陽	52800	34320		18480	65		35
宜都	30780	21546		9234	70		30
宜昌	72680	21804		50876	30		70
興山	18900	3780		13230	20		70
秭歸	35200	23232		11968	66		34
長陽	32200	12880		19320	40		60
五峰	16740	13392	1674	1674	80	10	10
鶴峰	9720	4860	972	3888	50	10	40
宣恩	17670						
來鳳	15750	6300	3150	5125	40	20	35
咸豐	20900	8360	6270	6270	60	20	20
利川	24960	14976	4992	4992	60	20	20
恩施	40950	12285	8190	16380	30	20	40
建始	35720						
巴東	33670						
房縣	29940	14970		14970	50		50
均縣	38860	23316		15544	60		40
鄖縣	55300						
竹山	36490	10947		25543	30		70
竹溪	24750	9900		14850	40		60
鄖西	15200	9120		4560	60		30
漢口市	44950						

資料來源：湖北省政府秘書處統計室編：《湖北省年鑒（第一回）》，1937 年版，第 146
～147 頁。表中數據皆按原文，未經修正。

附錄 4：湖北省 20 個鄉抗日戰爭前、解放前、土地改革後三個時期各階級比重計佔有生產資料比例比較表

1. 抗日戰爭前總計：9759 戶，26872 人，100623.51 畝土地，每人平均 3.74 畝，4391.3 頭耕畜，18489.4 件農具，24965 個勞力。

2. 解放前總計：11565 戶，48177 人，108669.94 畝土地，每人平均 2.25 畝，4434.01 頭耕畜，18506.04 件農具，29279 個勞力。

3. 土地改革後總計：12143 戶，49135 人，112921.30 畝土地，每人平均 2.29 畝，4874.57 頭耕畜，19698.29 件農具，29990 個勞力。

各時期內各階級佔有比例如下：

項目及時期		地主	富農	農村工商業家	其他剝削階層	中農	貧農	雇農	工人	貧民	游民	其他勞動人民	合計
戶口	抗日戰爭前	4.01	2.54	0.10	2.61	33.57	44.16	7.37	1.18	0.88	0.27	3.31	100
	解放前	3.80	2.85	0.05	3.54	31.70	49.89	4.72	0.90	0.60	0.13	1.82	100
	土地改革後	3.72	3.07	0.06	3.52	31.46	50.03	4.80	0.91	0.63	0.12	1.68	100
人口	抗日戰爭前	6.49	3.02	0.16	2.06	35.32	43.62	4.52	1.43	0.49	0.10	2.79	100
	解放前	4.68	3.74	0.03	2.51	35.01	48.46	2.89	0.36	0.39	0.09	1.57	100
	土地改革後	3.98	3.91	0.04	2.37	34.85	49.22	3.06	0.64	0.41	0.07	1.45	100
土地	抗日戰爭前	39.99	7.00	0.02	2.39	32.93	13.71	0.29	0.09	0.04	0.03	0.28	100
	解放前	34.54	8.05	0.02	3.79	31.91	17.35	0.19	0.09	0.04	0.01	0.29	100
	土地改革後	3.16	5.13	0.01	2.57	37.17	44.88	3.02	0.35	0.22	0.06	0.75	100
每人平均畝數	抗日戰爭前	23.05	8.67	0.50	4.33	3.49	1.17	0.23	0.23	0.29	1.19	0.38	
	解放前	13.98	4.85	1.50	3.40	2.05	0.80	0.14	0.33	0.23	0.35	0.39	
	土地改革後	1.82	3.00	0.61	2.49	2.45	2.09	2.26	1.26	1.21	1.88	1.18	

耕畜	抗日戰爭前	6.22	5.12	0.02	1.22	53.77	32.78	0.34	0.06	0.03	0.03	0.41	100
	解放前	6.82	6.36		2.02	46.71	37.29	0.28	0.14	0.03		0.35	100
	土地改革後	0.61	4.71		1.04	44.09	47.08	1.75	0.23	0.09	0.02	0.38	100
主要農具	抗日戰爭前	5.96	5.24	0.02	1.50	47.99	38.10	0.68	0.09	0.08	0.04	0.30	100
	解放前	6.35	6.11	0.02	2.25	44.43	39.83	0.60	0.11	0.02	0.03	0.25	100
	土地改革後	0.53	5.39	0.02	1.58	44.21	45.97	1.70	0.24	0.06	0.03	0.27	100
勞動力	抗日戰爭前	4.05	3.28	0.07	1.72	36.89	45.40	5.30	0.85	0.44	0.11	1.89	100
	解放前	3.96	3.59		2.10	35.96	48.39	3.51	0.59	0.39	0.05	1.46	100
	土地改革後	3.83	3.68	0.01	2.12	35.42	48.72	3.63	0.61	0.39	0.07	1.52	100

注：一、土地比例中除表中所列外，抗戰前尚有其他公田 1.60%，外鄉一般業主田 1.63%，解放前尚有其他公田 1.51%，外鄉一般業主田 2.21%，土地改革後尚有外鄉一般業主田 1.08%，機動田 1.60%。

　　二、地主佔有土地比例中抗戰前包括外鄉地主在本鄉田 21.06%，地主操縱公田 3.54%，解放前包括外鄉地主在本鄉田 16.66%，地主操縱公田 2.86%在內。

資料來源：中南軍政委員會土地改革委員會編：《中南區一百個鄉調查統計表（內部資料）》，1953 年版，第 238～239 頁。

附錄 5：湖南省 15 個鄉抗日戰爭前、解放前、土地改革後三個時期各階級比重計佔有生產資料比例比較表

1. 抗日戰爭前總計：6841 戶，人，81438.41 畝土地，每人平均畝，2634.12 頭耕畜，16214.66 件農具，24646 個勞力。

2. 解放前總計：10640 戶，42661 人，82447.59 畝土地，每人平均 1.93 畝，3071.49 頭耕畜，18185.17 件農具，25558 個勞力。

3. 土地改革後總計：11249 戶，43933 人，83690.52 畝土地，每人平均 1.90 畝，3664.10 頭耕畜，19175.05 件農具，26371 個勞力。

各時期內各階級佔有比例如下：

項目及時期		地主	富農	農村工商業家	其他剝削階層	中農	貧農	雇農	工人	貧民	游民	其他勞動人民	合計
戶口	抗日戰爭前	4.32	1.68	0.82	3.87	29.59	38.48	6.47	4.44	4.04	1.03	5.28	100
	解放前	4.81	2.04	0.76	5.08	32.97	35.80	4.93	4.07	3.98	0.99	4.57	100
	土地改革後	4.55	2.18	1.08	4.77	32.72	35.27	5.30	3.80	4.31	0.97	5.05	100
人口	抗日戰爭前												
	解放前	6.13	3.06	0.83	3.98	37.91	34.16	3.19	3.34	2.58	0.67	4.15	100
	土地改革後	5.33	2.99	0.82	3.53	37.64	34.49	3.66	3.36	2.89	0.63	4.66	100
土地	抗日戰爭前	42.60	5.58	0.36	3.72	27.47	11.85	0.37	0.42	0.20	0.11	0.65	100
	解放前	40.32	6.48	0.19	4.74	29.77	10.08	0.27	0.39	0.20	0.17	0.62	100
	土地改革後	4.31	3.70	0.18	3.80	40.23	31.61	3.60	2.50	2.20	0.51	2.36	100
每人平均畝數	抗日戰爭前												
	解放前	12.7	4.09	0.44	2.30	1.51	0.57	0.16	0.20	0.14	0.50	0.28	
	土地改革後	1.53	2.36	0.40	2.05	2.03	1.74	1.87	1.41	1.44	1.54	0.96	

耕畜	抗日戰爭前	6.32	4.73	0.15	2.46	58.30	26.31	0.37	0.40	0.16	0.05	0.75	100
	解放前	8.43	5.57	0.27	3.10	60.03	21.59	0.13	0.16	0.11	0.20	0.41	100
	土地改革後	0.46	4.17	0.14	1.88	54.67	32.70	1.95	1.44	0.78	0.25	1.56	100
主要農具	抗日戰爭前	6.20	4.20	0.18	2.77	54.54	29.87	0.56	0.48	0.19	0.09	0.92	100
	解放前	7.98	5.34	0.19	3.16	55.50	25.81	0.47	0.35	0.25	0.13	0.82	100
	土地改革後	0.60	4.51	0.22	2.23	55.20	31.34	2.21	1.16	0.70	0.17	1.66	100
勞動力	抗日戰爭前	4.98	2.47	0.99	2.97	35.07	37.70	4.85	3.62	2.44	0.50	4.41	100
	解放前	5.35	2.90	0.85	3.54	38.14	34.60	3.56	3.48	2.54	0.66	4.38	100
	土地改革後	4.84	2.90	0.85	3.64	37.38	34.52	3.98	3.39	2.86	0.68	4.97	100

注：一、土地比例中除表中所列外，抗戰前尚有其他公田 3.24%，外鄉一般業主田 3.43%，解放前尚有其他公田 3.54%，外鄉一般業主田 3.23%，土地改革後尚有其他公田 0.12%，外鄉一般業主田 2.35%，機動田 2.53%。

二、地主佔有土地比例中抗戰前包括外鄉在本鄉田 12.61%，地主操縱公田 9.48%，解放前包括外鄉地主在本鄉田 11.23%，地主操縱公田 9.50%在內。

資料來源：中南軍政委員會土地改革委員會編：《中南區一百個鄉調查統計表（內部資料）》，1953 年版，第 240～241 頁。

附錄 6：湖北省 14 個縣內 14 個鄉 120 戶普通中農生產水平與經濟收入統計表

地區及時期		水田產量		旱地產量		田地產量合計		特產收入折穀斤	副業收入		全年收入總計	
		折穀斤	每畝平均	折穀斤	每畝平均	折穀斤	每畝平均		折穀斤	占總收入%	折穀斤	每畝平均
總計	抗日戰爭前	485117.00	490.11	357770.00	534.43	842887.00	507.99	8512.00	214743.00	20.14	1066142.00	1556.41
	解放前	461322.00	440.07	290450.00	381.59	751772.00	415.47	6508.00	189758.00	20.01	948038.00	1379.96
	土地改革後	518355.00	529.88	306561.00	446.27	824916.00	495.39	2392.00	183187.00	18.12	1010495.00	1427.25
平原地區5個鄉	抗日戰爭前	152966.00	408.65	166935.00	413.72	320901.00	411.27		52041.00	13.95	372942.00	1553.92
	解放前	161374.00	377.13	130042.00	282.88	291416.00	328.31		49793.00	14.59	341209.00	1287.58
	土地改革後	311332.00	705.18	151462.00	384.51	362794.00	434.28		40915.00	10.13	403709.00	1523.43
丘陵地區6個鄉	抗日戰爭前	256568.00	614.94	45932.00	711.68	302500.00	627.90	8512.00	138801.00	30.85	449813.00	1451.00
	解放前	233127.00	590.74	48965.00	602.34	282092.00	592.72	6508.00	127239.00	30.59	415839.00	1372.40
	土地改革後	235692.00	677.10	50574.00	773.88	286266.00	692.40	2392.00	121016.00	29.53	409674.00	1276.24
山區2個鄉	抗日戰爭前	58988.00	434.21	111951.00	934.56	170939.00	668.67		11740.00	6.42	182679.00	1902.90
	解放前	50703.00	322.33	77824.00	693.06	128527.00	476.74		4467.00	3.36	132994.00	1705.05
	土地改革後	54273.00	417.64	71004.00	582.28	125277.00	497.34		8837.00	6.58	134114.00	1615.83
湖區1個鄉	抗日戰爭前	15595.00	260.04	32952.00	403.77	48547.00	342.89		12161.00	20.03	60708.00	1556.61
	解放前	16118.00	235.50	33619.00	311.69	49737.00	282.11		8259.00	14.24	57996.00	1414.53
	土地改革後	17058.00	290.54	33521.00	316.98	50579.00	307.54		12419.00	19.71	62998.00	1615.33

資料來源：中南軍政委員會土地改革委員會編：《中南區一百個鄉調查統計表（內部資料）》，1953 年版，第 286～287 頁。

附錄 7：湖北省 14 個縣內 14 個鄉 120 戶普通中農生活水平與經濟支出統計表

地區及時期		生活費用			納稅		生產投資		其他支出	支出總計		收支相抵余或缺	
		折穀斤	占總收入%	每人平均斤數	折穀斤	占總收入%	折穀斤	占總收入%	折穀斤	折穀斤	每人平均斤數	全家盈餘折穀斤數	全家虧缺折穀斤數
總計	抗日戰爭前	679581.00	63.74	991.00	57285.00	5.37	9007.00	0.84	148172.00	894045.00	1308.00	172097.00	
	解放前	626577.00	66.09	912.00	143537.00	15.15	6294.00	0.66	115217.00	891625.00	1300.00	56413.00	
	土地改革後	699196.00	69.19	988.00	112050.00	11.08	6367.00	0.63	67901.00	885514.00	1112.45	124981.00	
平原地區5個鄉	抗日戰爭前	233963.00	62.73	975.00	22280.00	5.97	3241.00	0.86	55829.00	315313.00	1311.00	57629.00	
	解放前	236352.00	69.26	893.00	62630.00	18.38	2974.00	0.87	48845.00	350801.00	1322.00		9592.00
	土地改革後	268831.00	66.59	1013.00	45848.00	11.36	1361.00	0.37	38249.00	354289.00	1336.00	49420.00	
丘陵地區6個鄉	抗日戰爭前	295352.00	65.66	950.00	18054.00	4.02	3279.00	0.73	68146.00	384831.00	1209.00	64982.00	
	解放前	257127.00	61.83	849.00	50988.00	12.25	2241.00	0.54	51690.00	362046.00	1201.00	53793.00	
	土地改革後	290589.00	70.93	906.00	45057.00	11.01	2663.00	0.65	19826.00	358135.00	1119.00	51539.00	
山區2個鄉	抗日戰爭前	116418.00	63.72	1212.00	13153.00	7.04	1927.00	1.05	11620.00	143118.00	1495.00	39561.00	
	解放前	96835.00	72.81	1230.00	26302.00	19.80	472.00	0.35	3763.00	127372.00	1635.00	5622.00	
	土地改革後	105402.00	78.59	1271.00	13034.00	9.70	1153.00	0.85	1128.00	121217.00	1463.00	12897.00	
湖區1個鄉	抗日戰爭前	33848.00	55.75	868.00	3798.00	6.25	560.00	0.92	12577.00	50783.00	1302.00	9925.00	
	解放前	36263.00	62.53	884.00	3617.00	6.25	607.00	1.04	10919.00	51406.00	1251.00	6590.00	
	土地改革後	34374.00	54.56	880.00	8111.00	12.90	690.00	1.09	8698.00	51873.00	1364.00	11125.00	

資料來源：中南軍政委員會土地改革委員會編：《中南區一百個鄉調查統計表（內部資料）》，1953 年版，第 300～301 頁。

附錄 8：湖南省 13 個縣內 13 個鄉 117 戶普通中農生產水平與經濟收入統計表

地區及時期		水田產量		旱地產量		田地產量合計		特產收入折穀斤	副業收入		全年收入總計	
		折穀斤	每畝平均	折穀斤	每畝平均	折穀斤	每畝平均		折穀斤	每畝平均	折穀斤	每畝平均
總計	抗日戰爭前	540988	416.10	12648	92.01	553634	385.16		277014	33.34	830648	1219.74
	解放前	560879	419.38	12357	85.89	573232	386.99		291641	33.72	864873	1275.62
	土地改革後	555309	418.24	22452	132.57	577761	385.93		276684	32.38	854445	1247.36
平原地區 5 各鄉	抗日戰爭前	121219	448.90	9564	363.37	130783	441.31		40293	23.55	171076	1569.50
	解放前	131553	444.69	9045	316.25	140598	433.36		36245	20.49	176843	1437.74
	土地改革後	124927	458.86	19015	448.89	143942	457.52		51040	26.17	194982	1488.41
丘陵地區 6 個鄉	抗日戰爭前	313408	428.65			313408	395.30		171436	35.35	484844	1104.42
	解放前	318894	432.26			318894	395.96		174936	35.42	493830	1178.59
	土地改革後	319896	431.21			319896	390.92		163612	33.83	483508	1187.98
山區 2 個鄉	抗日戰爭前	106359	356.00	3084	6.23	109443	314.29		65285	37.36	174728	1313.74
	解放前	110433	363.47	3308	6.94	113740	323.62		80460	41.43	194200	1427.94
	土地改革後	110486	352.30	3437	6.80	113923	312.85		62032	35.25	175955	1196.97
湖區 1 個鄉	抗日戰爭前											
	解放前											
	土地改革後											

資料來源：中南軍政委員會土地改革委員會編：《中南區一百個鄉調查統計表（內部資料）》，1953 年版，第 288〜289 頁。

附錄 9：湖南省 13 個縣內 13 個鄉 117 戶普通中農生活水平與經濟支出統計表

地區及時期		生活費用			納稅		生產投資		其他支出	支出總計		收支相抵餘或缺	
		折穀斤	占總收入%	每人平均斤數	折穀斤	占總收入%	折穀斤	占總收入%	折穀斤	折穀斤	每人平均斤數	全家盈餘折穀斤數	全家虧缺折穀斤數
總計	抗日戰爭前	663285	79.85	974	47251	5.55	41600	5.01	56579	808715	1172	21933	
	解放前	691878	80.00	1020	80153	8.91	45070	5.21	80092	897193	1323		32320
	土地改革後	663171	77.61	966	139130	15.96	40703	4.76	42301	885305	1292		30860
平原地區5各鄉	抗日戰爭前	122507	71.61	1124	6192	3.57	12541	7.33	21909	163149	1497	7927	
	解放前	135867	76.83	1104	15583	8.40	15027	8.49	28557	195034	1585		18191
	土地改革後	147052	75.42	1122	34825	17.28	13734	7.70	18032	213643	1631		18661
丘陵地區6個鄉	抗日戰爭前	407497	84.04	928	26139	6.45	24631	5.08	25450	483717	1102	1127	
	解放前	403442	81.69	963	42653	8.24	26347	5.33	36035	508447	1213		14647
	土地改革後	374334	77.42	921	79726	16.28	22950	4.74	20820	498330	1224		14822
山區2個鄉	抗日戰爭前	133281	76.27	1002	14920	8.47	4428	2.53	9220	161849	1217	12879	
	解放前	152569	78.56	1122	21917	11.13	3696	1.90	15500	193682	1424	518	
	土地改革後	141285	80.29	961	24579	13.63	4019	2.28	3449	173332	1179	2623	
湖區1個鄉	抗日戰爭前												
	解放前												
	土地改革後												

資料來源：中南軍政委員會土地改革委員會編：《中南區一百個鄉調查統計表（內部資料）》，1953 年版，第 302～303 頁。

參考文獻

一、檔案資料

（一）湖北省檔案館

1. 湖北省政府：《湖北省政府關於謝治本呈為襄河奇漲漫成口請搶修並陳明天門縣屬劉彭二姓統帶千餘人來潰口各村殺人放火等情令徹查究辦的批文、訓令》，1934 年，LS1-5-0786-001。

2. 湖北省委政研室：《徵詢土改意見五十個村材料（一般村）》，1950 年，SZ1-02-0047-001。

3. 湖北省委政研室：《徵詢土改意見五十個村材料（分散村）》，1950 年，SZ1-02-0047-002。

4. 湖北省委政研室：《湖北省分田保留區土改前土地佔有統計表》，1950 年，SZ1-02-0047-019。

5. 湖北省委政研室：《徵詢土改意見九個村統計》，1950 年，SZ1-02-0047-003。

6. 湖北省委政研室：《徵詢土改意見九個村租佃關係統計》，1950 年，SZ1-02-0047-006。

7. 湖北省委政研室：《徵詢土改意見 29 個村分田擬算統計》，1950 年，SZ1-02-0047-008。

8. 湖北省委政研室：《湖北省六個村各階層土地佔有情況統計表》，1950 年，SZ1-02-0047-018。

9. 湖北省委政研室：《湖北省分田保留區土改前土地佔有情況統計表》，1950 年，SZ1-02-0047-019。

10. 湖北省委政研室：《黃岡、荊州、宜昌三個地委國民經濟調查材料》，1950 年，SZ1-02-0046-002。

11. 湖北省委政研室：《關於戰前、解放前、土改覆查後個階級比重佔有生產資料比較表（20 個農村典型調查村綜合統計）》，1950 年，SZ1-02-0111-004。

12. 湖北省委政研室：《解放前和土改後租佃關係比例表（二十個鄉鎮綜合統計）》，1952 年，SZ1-02-0111-005。

13. 湖北省委政研室陽新調研小組：《湖北省委政研室關於陽新縣五區金門鄉林上行政村「大革命以來人口、土地變動及政治情況演變調查報告」》，1950 年，SZ-02-0045-002。

14. 湖北省委黃陂工作團：《湖北省委黃陂工作團關於黃陂縣灄口區孝友鄉第八村階級關係、土地佔有、畜力分配、副產品、租佃關係統計表》，SZ1-02-0044-010。

15. 湖北省委黃陂工作團：《湖北省委黃陂工作團關於黃陂方梅區農村調查材料》，1950 年，SZ1-02-0044-003。

16. 湖北省武昌縣錦繡鄉：《武昌錦繡鄉戰前、解放前及全鄉社會改革運動中對地主階級情況與打擊消滅程度的調查（第一部分）》，1952 年，SZ1-02-0113-001。

17. 湖北省土改委：《鄂城鄧平鄉農村租佃關係》，1952 年，SZ37-01-0044-001。

18. 荊門縣委：《荊門縣第一區鹽池鄉土改前各種統計材料》，SZ37-01-0195-010。

19. 荊門縣委：《荊門縣第一區家盛鄉土改前各種統計材料》，SZ37-01-0195-009。

20. 荊門縣委：《荊門縣第一區南橋鄉土改前各種統計材料》，SZ37-01-0195-008。

21. 荊門縣委：《荊門縣第一區高店鄉土改前各種統計材料》，SZ37-01-0195-005。

22. 荊州土委會辦公室：《江陵三個鄉及京山鄭公鄉土地沒收分配統計表》，1951 年，SZ37-01-0195-013。

23. 蘄春縣委會辦公室：《蘄春縣土改區各種統計材料》，1951 年，SZ37-01-0191-005。

24. 沔陽縣委：《湖北省沔陽縣第二區沙黃區土改前各階層佔有土地統計表》，1950 年，SZ37-01-0195-017。

25. 中南軍政委員會土改委員會：《中南區各省農村特殊土地問題調查》，1950，ZNB-66。

26. 中南軍政委員會土改委員會：《中南區五省農村階級關係與特殊土地問題資料》，1950 年，ZNB-73。

27. 湖南省人民政府土地改革委員會：《湖南土改前後十五個鄉調查統計資料》，1952 年，QT 湘 J-2。

28. 中共湖北省勞動廳黨組：《關於王昌偉長期隱瞞地主成分即所犯貪污錯誤的結論和處理意見》，1964 年，SZ43-04-0009-027。

29. 襄陽地委政研室：《湖北省光化縣賈家湖楊家寨鄉（村）各種調查統計

表》，1950 年，SZ37-01-0409-001。

30. 武昌縣錦繡鄉:《武昌縣第六區錦繡鄉在土地改革及土地改革覆查工作中分配情況與問題的調查報告》，1952 年，SZ1-02-0113-004。

31. 隨縣政府建設科:《隨縣農業普查典型村報告》，1950 年，SZ37-01-0101-006。

32. 胡覺生:《關於土地改革中胡覺生有土地關係而無土地的問題》，1951 年，SZ53-01-0007-004。

33. 蔣宗述:《關於土地改革中蔣宗述依照奉發填寫申報表注意事項四款申明的報告》，1951 年，SZ53-01-0007-006。

34. 許可天:《關於土地改革中許可天實行擁護土地改革說明家庭情況的報告》，1951 年，SZ53-01-0007-008。

35. 陳芷南:《關於土地改革中陳芷南申請免添土地申報表的報告》，1951 年，SZ53-01-0007-009。

36. 李國驤:《關於土地改革中李國驤為不必填申請表而致謝的報告》，1951 年，SZ53-01-0007-010。

37. 李俊千:《關於土地改革中李俊千有土地關係而無土地問題的申明書》，1951 年，SZ53-01-0007-011。

38. 阮兆康:《關於土地改革中阮兆康無租佃關係連年公糧均經繳納清訖的申明書》，1951 年，SZ53-01-0007-012。

39. 程重伯:《關於土地改革中程重伯無土地問題按分發填寫申請表的報告》，1951 年，SZ53-01-0007-013。

40. 邱祀瀟:《關於土地改革中邱祀瀟對於土地關係的報告》，1951 年，SZ53-01-0007-014。

41. 劉崇慎:《關於土地改革中劉崇慎有土地關係而無土地問題的報告》，1951 年，SZ53-01-0007-016。

42. 湖北省政府，湖北省民政廳:《報告湖北省土地改革的一般情況》，1951 年，SZ67-01-0089-001。

43. 中共湖北省委:《關於六個縣十二個村的調查材料及兩個村實驗土改材料向中南局報的報告》，SZ1-02-0031-002。

44. 高志宏、劉金蘭、朱思源:《應山縣大邦店區大坡山村農業普查重點組工作情況（附全村統計數字說明)》，SZ37-01-0101-002。

45. 湖北省農業廳:《普查大隊應山縣馬坪區紅石砦行政村工作總結》，1950 年，SZ37-01-0101-004。

46. 湖北省農業廳:《潛江總口等四個區 1950 年農業普查分類表》，1950 年，SZ37-01-0538-001。

47. 湖北省農業廳:《天門縣蘆市、徐黃、天北等區 1950 年農業普查分村、按戶調查表》,1950 年,SZ37-01-0533-001。

48. 湖北省農業廳:《荊門縣城關區等 1950 年農業普查分村、按戶調查表》,1950 年,SZ37-01-0534-001。

49. 湖北省農業廳:《監利縣新溝區 1950 年農業普查分村、按戶調查表》,1950 年,SZ37-01-0583-001。

50. 湖北省農業廳:《公安縣 1950 年農業普查分區調查大綱及分村、按戶調查表》,1950 年,SZ37-01-0568-001。

51. 湖北省農業廳:《嘉魚縣 1—5 區農業普查一般縣行政村調查表》,1950 年,SZ37-01-9-0593-001。

52. 湖北省農業廳:《鍾祥縣城關洋梓區 1950 年農業普查分村、按戶調查表》,1950 年,SZ37-01-0535-001。

53. 湖北省農業廳:《湖北省 1950 年農產普查初步總結》,1950 年,SZ107-02-0003-001。

54.《關於(鄂城縣第一區)鄧平鄉土改後經濟調查報告之三——九戶典型中、貧農經濟情況》,1952 年,SZ37-01-0042-001。

55.《鄂城縣土改區各種材料統計表》,1951 年,SZ30-01-0191-006。

56.《鄂城縣大灣鄉各村逐戶調查表》,1952 年,SZ37-01-0267-001。

57.《沔陽縣牛路鄉沙岑村逐戶歷史情況調查表》,1951 年,SZ37-01-0420-001。

58.《荊州專區各重點鄉各階層土地佔有情況調查統計表》,1952 年,SZ37-01-0390-001。

59.《荊州專區各重點鄉各階層人數戶數調查表》,1952 年,SZ37-01-0389-001。

60.《荊州專區各重點鄉各階層農具佔有情況統計表》,1952 年,SZ37-01-0391-001。

61.《荊州專區各重點鄉 1948、51、52 年中、貧農購買力調查統計表》,1952 年,SZ37-01-0394-001。

(二)湖南省檔案館

1. 郴州專區土委會:《郴州專署、湘南區委關於土改前後、土改覆查中各類數字統計及典型調查材料》,全宗號:145,目錄號:1,案卷號:275。

2. 湖南省土地改革委員會:《長沙縣第八區磨盆鄉典型調查材料》,全宗號:145,目錄號:1,案卷號:71,順序號:10。

3. 湖南省土地改革委員會:《茶陵縣廟市鄉典型調查材料》全宗號:145,目錄號:1,案卷號:125。

4. 湖南省土地改革委員會:《省土改委關於在土改期間處理工商業兼地主及

地主匯款、財產、金銀股份等問題的意見及來往文書》，1950 年。全宗號：145，目錄號：1，案卷號：49。

5. 湖南省土地改革委員會：《瀏陽縣三口鄉調查材料》全宗號：145，目錄號：1，卷號：93。

6. 湖南省土地改革委員會：《省內各地區階級關係與土地關係統計表》，1950 年，全宗號：145，目錄號：1，案卷號：64。

7. 湖南省高等法院民事庭：《衡陽租穀（1936～1937 年）》，全宗號：28，目錄號：3，案卷號 1796。

8. 湖南省高等法院民事庭：《衡陽各種契約卷（1936～1937 年）》，全宗號：28，目錄號：3，案卷號：1785。

9. 湖南高等法院民事庭：《長沙契約卷（1936 年）》，全宗號：28，目錄號：3，案卷號：1303。

10. 湖南省土地改革委員會：《長沙縣關於土改中各種數字統計和農村情況調查材料》，1951 年，全宗號：145，目錄號：1，案卷號：256。

11. 湖南省土地改革委員會：《長沙縣椰梨鄉土改前調查材料》，1949 年，全宗號：145，目錄號：1，案卷號 254。

12. 《長沙縣太平鄉羅氏文契》，全宗號：145，目錄號：1，案卷號：316。

（三）長沙縣檔案館

1. 長沙縣土改委：《群眾對地主減租退押的控告及要求逮捕地主向上級報告》，1950 年。全宗號：38，目錄號：1，案卷號 8。

2. 長沙縣土改委：《有關第十區土改工作簡報，友仁、蓮湖、同心、心橋等鄉土改總結，全福、鵝隱兩鄉封建堡壘形勢圖及第十二區高沖鄉土改切查情況統計表》，全宗號：38，目錄號：1，案卷號：7。

3. 長沙縣土改委：《關於群眾檢舉地主材料》，1952 年，全宗號：38，目錄號：1，案卷號：30。

（四）湘潭縣檔案館

1. 中共湘潭縣委辦公室：《湘潭縣土改前 XX 村三聯組九小組農村經濟按家調查表》，1950 年，全宗號：20 目錄號：1，案卷號：5（長期）。

2. 中共湘潭縣委辦公室：縣委關於黃龍、仙女、姜奈、清田、易俗、杉蔭、漣碧鄉土改調查和政治經濟情況的調查報告、總結及勘察株洲市街道報告。1950 年。全宗號：20，目錄號：1，案卷號：5（永久）。

二、資料彙編

1. （美）卜凱編：《中國土地利用》，金陵大學農業經濟系 1941 年版。

2. （美）卜凱編：《中國土地利用統計資料》，金陵大學 1937 年版。

3. 陳博文編:《湖北省一瞥》,商務印書館 1928 年版。

4. 陳翰笙、薛暮橋、馮和法編:《解放前的中國農村(第二輯)》,中國展望出版社 1986 年版。

5. 陳翰笙、薛暮橋、馮和法編:《解放前的中國農村(第三輯)》,中國展望出版社 1989 年版。

6. 陳翰笙、薛暮橋、馮和法編:《解放前的中國農村(第一輯)》,中國展望出版社 1985 年版。

7. 丁世良、趙放主編:《中國地方志民俗資料彙編》(中南卷),北京圖書館出版社 1991 年版。

8. 東北大學豫鄂皖贛收復匪區經濟考察團:《東北大學豫鄂皖贛收復匪區經濟考察團報告書》,東北大學編輯部 1934 年版。

9. 馮和法編:《中國農村經濟資料》,黎明書局 1935 年版。

10. 馮和法編:《中國農村經濟資料續編》,黎明書局 1935 年版。

11. 國民經濟研究所:《湖南益陽縣之經濟》,1935 年版。

12. 國民經濟研究所:《湖南沅江縣經濟調查》,1935 年版。

13. 國民政府主計處統計局編:《中國人口問題之統計分析》,正中書局 1934 年版。

14. 國民政府主計處統計局編:《中國土地問題之統計分析》,正中書局 1941 年版。

15. 胡哲民編:《湖北省概況》,中國文化學會總會版,出版年不詳。

16. 湖北省地方志編纂委員會辦公室編:《湖北省志資料選編(第一輯)》,1983 年版。

17. 湖北省民政廳編:《湖北縣政概況》,1934 年版。

18. 湖北省農村調查委員會:《湖北省農村調查報告》,湖北省政府秘書處統計室 1937 年版。

19. 湖北省鄉鎮企業管理局、《鄉鎮企業志》編輯室:《湖北近代農村副業資料選輯》,1987 年版。

20. 湖北省政府秘書處統計室:《湖北省年鑒(第一回)》,1937 年版。

21. 湖北省政府秘書處統計室:《湖北省統計年鑒》,湖北省政府 1943 年版。

22. (民國)湖南省法制院編印、(清)湖南調查局編印:《湖南民情風俗報告書‧湖南商事習慣報告書》,湖南教育出版社 2010 年版。

23. 湖南大公報:《湖南〈大公報〉十祺紀念冊》,出版年不詳。

24. 湖南省立衡山鄉村師範學校編:《衡山師古鄉社會概況調查》,中華平民教育促進會 1937 年版。

25. 湖南省立衡山鄉村示範學校編:《新寧白楊鄉社會概況調查》,1939 年版。

26. 湖南省政府：《民國二十一年湖南省人口統計》，1933 年版。

27. 湖南省政府編：《湖南省濱湖洲土視察團報告書》，1947 年版。

28. 湖南省政府秘書處統計室：《湖南年鑒》，1935 年版。

29. 交通部郵政總局編：《中國通郵物產志》，商務印書館 1937 編版。

30. 金陵大學農學院農業經濟系：《豫鄂皖贛四省土地分類之研究》，1936 年版。

31. 金陵大學農學院農業經濟系：《豫鄂皖贛四省之典當業》，1936 年版。

32. 金陵大學農學院農業經濟系：《豫鄂皖贛四省之租佃制度》，1936 年版。

33. 李文治編：《中國近代農業史資料（第一輯）1840～1911》，三聯書店 1957 年版。

34. 梁方仲編：《中國歷代戶口、田地、田賦統計》，上海人民出版社 1980 年版。

35. 毛澤東：《湖南農民運動考察報告》，人民出版社 1975 年版。

36. 孟學思編：《湖南棉花及棉紗》，1935 年版。

37. 農商部總務廳統計科編纂：《農商統計表》，1924 年。

38. 平漢鐵路管理局經濟調查組：《老河口支線經濟調查》，1937 年版。

39. 前南京國民政府司法行政部編，胡旭晟等點校：《民事習慣調查報告錄》，中國政法大學出版社 2000 年版。

40. 邱人鎬、周維樑主編：《湖南各縣市經濟概況》，湖南省銀行經濟研究室 1942 年版。

41. 全國經濟委員會農業處編：《米穀統計》，1934 年版。

42. 實業部國際貿易局編：《中國實業志（湖南省）》，1935 年版。

43. 實業部中央農業實驗所農業經濟科編：《農情報告彙編》，1934 年版。

44. 孫本文、陳倚興編：《湖南長沙崇禮堡鄉村調查》，1948 年版。

45. 譚日峰編纂：《湘鄉史地常識》，1935 年版。

46. 土地委員會編：《全國土地調查報告綱要》，1937 年版。

47. 王倘、薛建吾編：《湖北武昌縣青山實驗區戶口與經濟調查報告》，湖北省立教育學院 1936 年版。

48. 蕭錚主編：《民國二十年代中國大陸土地問題資料》，（臺灣）成文出版社 1977 年版。

49. 熊道瑞：《湖北田賦概要》，漢口新昌印書館 1932 年版。

50. 許道夫編：《中國近代農業生產及貿易統計資料》，上海人民出版社 1983 年版。

51. 嚴中平主編：《中國近代經濟史統計資料選輯》，科學出版社 1955 年版。

52. 楊大金編：《現代中國實業志》，商務印書館 1938 年版。

53. 曾繼梧編：《湖南各縣調查筆記》，1931 年鉛印本。

54. 曾賽豐，曹有鵬編：《湖南民國經濟史料選刊》，第 1、2、3 輯，湖南人民出版社 2009 年。

55. 曾兆祥主編：《湖北近代經濟貿易史料選輯》，第一輯，1984 年版。

56. 曾兆祥主編：《湖北近代經濟貿易史料選輯》，第二輯，1984 年版。

57. 曾兆祥主編：《湖北近代經濟貿易史料選輯》，第三輯，1985 年版。

58. 翟學超，賀志民，段紀明等編輯：《湖北革命歷史文件彙編（省委文件）1926 年～1927 年》，中央檔案館、湖北省檔案館 1983 年版。

59. 章有義編：《中國近代農業史資料（第二輯）1912～1927》，三聯書店 1957 年版。

60. 章有義編：《中國近代農業史資料（第三輯）1927～1937》，三聯書店 1957 年版。

61. 鄭湘垓，劉武，雷正先等編：《湖北革命歷史文件彙集（縣委文件），1927 年～1932 年》，中央檔案館、湖北省檔案館 1985 年版。

62. 鄭湘垓，馬小彬，陳文樵等編：《湖北革命歷史文件彙編（省委文件），1929 年》，中央檔案館、湖北省檔案館 1984 年版。

63. 中國第一歷史檔案館、中國社會科學院歷史研究所合編：《清代地租剝削形態（上、下）》，中華書局 1982 年版。

64. 中華平民教育促進會編：《湖南省的實驗縣——衡山》，中華平民教育促進會 1937 年印行。

65. 中南軍政委員會土地改革委員會：《中南區一百個鄉調查統計表》（內部資料），1953 年版。

66. 中南軍政委員會土地改革委員會調查研究處編：《中南區一百個鄉調查資料選集》，1953 年版。

67. 中央農業部計劃司：《兩年來的中國農村經濟調查彙編》，中華書局 1952 年版。

68. 朱西周編：《米》，中國銀行經濟研究室 1937 年版。

69. 張建民主編：《湖北天門熊氏契約文書》，湖北人民出版社 2014 年版。

三、地方志

1. 白眉初：《鄂湘贛三省志》，中央地學社 1927 年版。

2. （日）東亞同文會：《支那省別全志（湖南省）》，1918 年版。

3. （日）東亞同文會：《支那省別全志（湖北省）》，1918 年版。

4. （光緒）《湖南通志》

5. （民國）《醴陵縣志》。

6. （民國）《安鄉縣志》

7. （民國）《湖北通志》

8. （同治）《公安縣志》

9. （光緒）《荊州府志》

10. （民國）《麻城縣志前編》

11. （民國）《麻城縣志續編》

12. 湖北省土地管理局：《湖北土地志》，1999 年版。

13. 湖北省地方志編纂委員會：《湖北省志：大事記》，湖北人民出版社 1990 年版。

14. 湖北省地方志編纂委員會：《湖北省志：農業（上）》，湖北人民出版社 1994 年版。

15. 湖北省地方志編纂委員會：《湖北省志：地理》，湖北人民出版社 1997 年版。

16. 湖北省嘉魚縣地方志編纂委員會：《嘉魚縣志》，湖北科學技術出版社 1993 年版。

17. 仙桃市地方志編纂委員會編：《沔陽縣志》，華中師範大學出版社 1989 年版。

18. 湖北省監利縣縣志編纂委員會編：《監利縣志》，湖北人民出版社 1994 年版。

19. 潛江市地方志編纂委員會編：《潛江縣志》中國文史出版社 1990 年版。

20. 公安縣志編纂委員會編：《公安縣志》，漢語大詞典出版社 1990 年版。

21. 湖北省武穴市地方志編纂委員會：《廣濟縣志》，漢語大詞典出版社 1994 年。

22. 湖南省志編纂委員會：《湖南省志：湖南近百年大事記述》，湖南人民出版社 1980 年版。

23. 湖南省志編纂委員會：《湖南省志：地理志（下）》湖南人民出版社 1986 年版。

24. 湖南省茶陵縣地方志編纂委員會編：《茶陵縣志》，中國文史出版社 1993 年版。

25. 醴陵市志編纂委員會編：《醴陵市志》，湖南出版社 1995 年。

26. 湘潭縣地方志編纂委員會編：《湘潭縣志》，湖南出版社 1995 年。

27. 湘鄉縣志編纂委員會編：《湘鄉縣志》，湖南人民出版社 1993 年版。

28. 益陽縣地方志編纂委員會編：《益陽縣志》，湖南人民出版社 1999 年版。

29. 攸縣志編纂委員會編：《攸縣志》，中國文史出版社 1990 年版。

四、民國報刊文章

1. 內政部編：《內政調查統計表》，1934 年第 9 期、1935 年第 20 期、1935 年第 21 期、1935 年第 22 期。

2. 陸國香：《湖南農村借貸之研究》，《工商半月刊》1935 年第 14、15、16 期。

3. 趙占元：《湖南省衡山縣農業概況》，《工商半月刊》1934 年第 21 期。

4. 佚名：《湘省濱湖各縣棉作調查報告》，《工商半月刊》1930 年第 1 期。

5. 陳建棠：《湖南常德縣經濟概況》，《國民經濟月刊》1937 年第 1 期。

6. 黃其慧：《湖南之棉業》，《湖南經濟》1947 年第 2 期。

7. 李健樺：《漫談湖南金融》，《湖南經濟》1947 年第 2 期。

8. 程炯：《湖南之公路》，《湖南經濟》1947 年第 2 期。

9. 張受森：《濱湖稻穀產銷調查》，《湖南經濟》1947 年第 2 期。

10. 周維樑：《湖南之自然環境與經濟資源》，《湖南經濟》1948 年第 3 期。

11. 羅榮楚：《湖南之田賦》，《湖南經濟》1948 年第 3 期。

12. 黃其慧：《湖南之麻業》，《湖南經濟》1948 年第 3 期。

13. 張受森：《湖南之紙》，《湖南經濟》1948 年第 3 期。

14. 周維樑：《湖南蔗糖產銷概況及其改進意見》，《湖南經濟》1948 年第 3 期。

15. 鄭兆崧：《湖南之農業及其研究》，《湖南經濟》1948 年第 3 期。

16. 張宗禹：《上湘西各縣農業經營與農業金融之初步研究》，《湖南經濟》1948 年第 3 期。

17. 周維樑：《洞庭湖區域的物產概況》，《湖南經濟》1948 年第 3 期。

18. 吳尚時著，曾昭璿譯：《湖南臨武縣之墟場》，《嶺南學報》1948 年第 1 期。

19. 丁正云：《湖南宜章縣之農佃制度》，《農聲》1942 年第 227 期。

20. 楊駿：《湖南衡陽縣之農村合作事業》，《農聲》1942 年第 228 期。

21. 徐特夫：《湖南省道縣農村經濟調查》，《農聲》1943 年第 230 期。

22. 周源歧：《湖南瀏陽縣主要農產及租佃關係》，《農業推廣通訊》1945 年第 7 期。

23. 楊智元：《湖南零陵經濟概況》，《西南實業通訊》1942 年第 3 期。

24. 中國國民經濟研究所：《全國產米區之湖南農產與墾殖》，《西南實業通訊》1941 年第 4 期。

25. 農林部洪江民林督導實驗區：《湖南黔陽縣秀州鄉農村經濟概況》，《西南實業通訊》1943 年第 2 期。

26. 楊澧泉、孫九如：《湖南會同縣雄溪鄉概況》,《西南實業通訊》1943 年第 3 期。

27. 農林部洪江民林督導實驗區：《湖南黔陽縣江市鄉農村經濟概況》,《西南實業通訊》1943 年第 3 期。

28. 中國國民經濟研究所：《湖南會同、黔陽兩縣六鄉村農村經濟調查》,《西南實業通訊》1944 年第 6 期。

29. 吳榮仁：《湖南耕牛問題及其增進方法》,《新農會刊》1944 年第 1 期。

30. 鄧植儀：《湖南之農業問題》,《新農會刊》1944 年第 1 期。

31. 萬文宣：《戰後湖南社會經濟》,《新中華》1947 年復刊第 15 期。

32. 蘇俊：《湖南省農業概況》,《中國經濟評論》1943 年第 2 期。

33. 韋東：《湖南漵浦縣的農村經濟概況》,《中國農村》1935 年第 2 期。

34. 伍忠道：《湖南安鄉縣湖田區域中的農田經營》,《中國農村》1935 年第 5 期。

35. 伍忠道：《湖南安鄉縣農村的捐稅和高利貸》,《中國農村》1935 年第 8 期。

36. 關後秀：《捐稅重壓下的湖南臨武農村》,《中國農村》1935 年第 8 期。

37. 周源歧：《湖南瀏陽縣農村經濟初步調查》,《中農月刊》1944 年第 9～10 期。

38. 佚名：《民國三十二年湖南各縣農佃分布及租率調查》,《湖南農情》1942 年第 8～9 期。

39. 廖殿熙：《耒陽縣農業調查》,《湖南農業》1942 年第 7～8 期。

40. 徐幼芝：《湖南農村婦女教育及生活調查報告》,《農村建設》1940 年第 1 期。

41. 佚名：《湘潭佃農生活》,《農林新報》1936 年第 21 期。

42. 熊伯西：《湖南澧縣租佃制度之大概》,《農業建設》1937 年第 5 期。

43. 彭岱鎮：《祁陽農業概狀》,《修農月刊》1932 年第 2 期。

44. 宋志堅、田耕禮：《新開鋪農情紀實》,《修農月刊》1931 年第 1 期。

45. 宋志堅：《濱湖的農村》,《修農月刊》1934 年第 1 期。

46. 鄢振家：《湖南農村中的二東君》,《世界農村月刊》1947 年第 10 期。

47. 徐碩俊：《洞庭湖濱各縣堤務及堤費負擔之調查及建議》,《農業建設》1937 年第 3 期。

48. 周源歧：《洞庭湖濱經濟概況》,《經濟彙報》1944 年第 9 卷第 6 期。

49. 武公：《長沙農民生活概況》,《農業週報》1929 年第 11、1930 年第 12 期。

50. 蓊梅：《湖南的幾種鄉村婦女的生活寫實》，《婦女共鳴》1933 年第 2 卷第 1 期。

51. 楊銘崇：《湘鄂兩省鄉村物價之變動》，《農報》1940 年第 10～12 期。

52. 佚名：《調查善化縣東鄉之煙草》，《實業雜誌》1912 年第 1 期。

53. 陳光煊：《湘南十二縣農事調查》，《農業建設》1938 年第 4、5、6 期。

54. 劉少少：《湘中最近風俗遷變論》，《公言》1914 年第 1 卷第 2 期。

55. 王沛：《湘南各縣農工雇傭習慣及需供狀況》，《農聲》1942 年第 227 期。

56. 張有齡：《察勘湘南農田水利報告》，《中農月刊》1941 年第 12 期。

57. 陳天固：《平江的紡織業——一個農村手工紡織業區的介紹》，《工業合作》1946 年第 29～30 期。

58. 佚名：《安鄉各垸歷年團費調查》，《湖南農訊》1936 年第 4 期。

59. 士鏗：《醴陵的田賦制度》，《華年》1935 年第 16 期。

60. 張世文：《衡山社會概況》，《民間》1935 年第 16 期、1937 年第 17 期、1937 年第 18 期。

61. 張煥華：《湖南臺田村農村生活散記》，《農村生活》1940 年第 10 期。

62. 化之：《邵陽農村經濟之一角》，《農村旬刊》1934 年第 32～33、34、35 期。

63. 羅良德：《湖南澧縣棉產之面面觀》，《農業建設》1937 年第 7 期。

64. 彭亮彩：《攸縣稻作概況》，《農業建設》1937 年第 7 期。

65. 廖殿熙：《耒陽縣水稻概況》，《農業建設》1938 年第 2 期。

66. 佚名：《瀏陽平江熟荒調查報告》，《農業建設》1938 年第 3 期。

67. 熊伯西：《沅江漢壽棉產調查記》，《農業建設》1937 年第 8 期。

68. 蕭遠猷：《衡陽稻作概況》，《農業建設》1937 年第 10 期。

69. 佚名：《湖南田租概狀》，《農業週報》1929 年第 2 期。

70. 王育瑭：《洞庭湖沿岸的湖田及農家》，《現在農民》1941 年第 10 期。

71. 隆星燦：《寧鄉的煙葉和煙運合作》，《新合作》1947 年第 5 期。

72. 張柏朋：《南嶽農村一瞥》，《中國農村生活》1944 年第 1 期。

73. 朱海帆：《皖贛湘鄂農田施肥調查記》，《農報》1936 年第 17 期。

74. 湖南省銀行經濟研究室：《湖南省銀行經濟季刊》1942 年創刊號，1943 年第 2、3、4、5 期，1944 年第 6 期。

75. 陳仲明：《湘中農民狀況調查》，《東方雜誌》1927 年第 16 期。

76. 袁定安：《湖南新化的災荒》，《東方雜誌》1935 年第 2 期。

77. 關後秀：《臨武農村的龍鬚席業與織女生活》，《東方雜誌》1935 年第 20 期。

78. 孟維憲：《洞庭湖濱之農民生活》,《東方雜誌》1936 年第 8 期。

79. 朱敏：《南縣農業調查筆記》,《實業雜誌》1932 年第 174 期。

80. 周鼎瑕：《調查漢壽縣農事概況報告》,《實業雜誌》1929 年第 137 期。

81. 周濟猷：《長沙農事調查記》,《實業雜誌》1930 年第 152 期。

82. 吳至信：《中國農民離村問題》,《東方雜誌》1937 年第 15 期。

83. 陳明哲：《湖南瀘溪縣農村經濟概況》,《農本》1940 年第 37 期。

84. 成萍蹤：《湖南零陵之農民狀況》,《新中華》1934 年第 2 卷第 23 期。

85. 魏云：《湖南濱湖各縣堤防及農村經濟概況表》,《湖南省建設月刊》1933 年第 39 期。

86. 袁湘潔：《湖南濱湖各縣堤防及農村經濟概況表（續）》,《湖南省建設月刊》1933 年第 40 期。

87. 吳文暉：《地產分配的循環》,《東方雜誌》1944 年第 11 期。

88. 佚名：《湖北省各縣地價調查》,《地政月刊》1933 年第 1～6 期。

89. 于曙巒：《宜昌》,《東方雜誌》1926 年第 6 期。

90. 于曙巒：《沙市》,《東方雜誌》1926 年第 7 期。

91. 佚名：《湖北棉花生產及交易狀況》,《工商半月刊》1933 年第 16 期。

92. 佚名：《湖北鄂城調查記》,《工商半月刊》1934 年第 13 期。

93. 鮑幼申：《湖北經濟概況》,《漢口商業月刊》1934 年第 3、4、5、6、7、8、9、10、11、12 期。

94. 陳琮：《湖北省道交通概況》,《漢口商業月刊》1934 年第 10、11 期。

95. 鮑幼申：《湖北省經濟之病態及其救濟》,《漢口商業月刊》1935 年第 2 期。

96. 曾茂林：《安陸四鄉（四區）農村巡禮記》,《湖北農村合作》1934 年創刊號。

97. 佚名：《六十五家菜園農經濟調查》,《湖北農聲》1935 年第 1 期。

98. 沈青山：《湖北藕池口之經濟概況》,《交行通信》1934 年第 6 期。

99. 馮開潔：《振興均縣、光化、穀城三縣實業報告書》,《湖北省農會農報》1920 年第 5、6 期。

100. 蔡燿民：《籌設大冶縣農工銀行調查報告書》,《湖北省農會農報》1920 年第 6 期。

101. 湖北省長公署委員：《籌設咸寧縣農工銀行調查報告書》,《湖北省農會農報》1920 年第 7、10 期。

102. 湖北省長公署委員：《籌設蘄水縣農工銀行報告調查書》,《湖北省農會農報》1920 年第 9 期。

103. 張逢曦：《籌設棗陽縣農工銀行調查報告書》，《湖北省農會農報》1920年第 12 期。

104. 佚名：《黃陂縣籌設農工銀行報告書》，《湖北省農會農報》1923 年第 3、4、5 期。

105. 萬勗忠：《湖北棉業》，《湖北省農會農報》1920 年第 11 期。

106. 嚴仲達：《湖北西北的農村》，《東方雜誌》1927 年第 16 期。

107. 楊綽庵：《湖北省土地與人口》，《建設評論》1936 年第 1 期。

108. 焦桐：《江漢間農村婦女的冬日生活》，《農業週報》1937 年第 7 期。

109. 佚名：《鄂城社會概況》，《人民週刊》1933 年第 68、69 期。

110. 吳少軒：《湖北省棉業調查》，《平漢鐵路月刊》1934 年第 53 期。

111. 佚名：《鄂南農村》，《新路週刊》1948 年第 1 期。

112. 但一：《湖北黃陂農民生活》，《中國青年》1923 年第 23 期。

113. 佚名：《湖北之煙草》，《中外經濟週刊》1925 年第 110 期。

114. 佚名：《湖北農民通融資金之方法》，《中外經濟週刊》1925 年第 114 期。

115. 佚名：《湖北之蠶絲業》，《中外經濟週刊》1925 年第 102 期。

116. 佚名：《漢口之小麥與麵粉事業》，《中外經濟週刊》1924 年第 84 期。

117. 陳管見：《奔走在麻城的鄉間》，《中原》1939 年第 3 期。

118. 亞平：《湖北的農婦生活》，1934 年第 16～17 期。

119. 佚名：《漢市山貨行調查》，《農業建設》1937 年第 1 卷第 2 期。

120. 穆岩：《湖北農村經濟概觀》，《政治月刊（南京）》1934 年創刊號。

121. 南琛：《華容縣的農村社會（湖南通信）》，《禮拜六》1936 年第 628 期。

122. 佚名：《湖北黃梅縣農業經濟狀況》，《經濟科學》1927 年第 1 卷第 2 期。

123. 火龍：《湖北省黃岡縣傭農生活之概況》，《江漢思潮》1935 年第 3 卷第 6 期。

124. 萬啟英：《湖北咸寧縣農村社會調查報告》，《亞洲文化》1936 年第 2 卷第 1 期。

125. 關錫年：《參觀黃安所得到農民的現況和今救後救濟的我見》，《湖北特教半月刊》1935 年第 1 卷第 5 期。

126. 寄食編纂、干城調查：《鄂南區通城縣概況》，《西三縱隊半月刊》1934 年第 3 期。

127. 《農礦月刊》，1929 年第 3、4、5 期，1930 年第 6 期，

128. 趙學詩、葉雅各：《武昌縣農村調查統計表》，《湖北建設月刊》1929 年第 1 卷第 10 期。

129. 趙學詩、葉雅各：《武昌縣農村調查統計表說明書》，《湖北建設月刊》1928

年第 1 卷第 4、5、6 期。

130. 李華、葉雅各:《大冶縣農村調查統計表說明書》,《湖北建設月刊》1929 年第 1 卷第 11 期。

131. 趙學詩、葉雅各:《陽新縣農村調查統計表說明書》,《湖北建設月刊》1929 年第 1 卷第 10 期。

132. 高漢偉:《調查應城全縣農村狀況概略》,《湖北建設月刊》1928 年第 1 卷第 3 期。

133. 韓光華:《樂天安命的枝江農民》,《農業週報》1934 年第 3 卷第 50 期。

134. 湯志澄:《湖北荊門縣社會調查》,《政訓月報》1937 第 29~30 期。

135. 黎絮芳:《天門婦女職業之調查》,《婦女時報》1916 年第 20 期。

136. 邱令之:《棗陽農民生活及其負擔》,《江漢思潮》1934 年第 2 卷第 1 期。

137. 任安:《鄂省棗陽縣之農村經濟概況》,《農業週報》1933 年第 2 卷第 46 期。

138. 楊蔚、潘鶴聲:《湖北省光化縣棉花生產成本費用》,《經濟統計》1938 年第 11 期。

139. 林平:《恩施的農家婦女的生活》,《現代婦女》1948 年第 12 卷第 5 期。

140. 寄食:《鄂城五區裏的一百戶農家》,《西三縱隊月刊》1934 年第 5 期。

141. 成駿:《湖北農村雜寫》,《申報》1936 年 4 月 8 日、9 日、19 日、20 日、23 日,5 月 8 日、11 日、16 日、18 日、21 日、22 日、24 日、25 日、26 日、27 日,6 月 5 日、7 日、15 日、17 日、18 日,7 月 19 日、30 日;1937 年 7 月 21 日、26 日、27 日、30 日,8 月 2 日、4 日、13 日。

五、族譜

1. 湖南省圖書館:《湖南名人家譜叢刊》,全國圖書館文獻縮微複製中心 2002 年版。

2. 張海瀛等主編:《中華家譜集成》,巴蜀書社 1995 年版。

3. (湖北鄂城)《夏氏宗譜》,1994 年版。

4. (湖北漢陽)《韓氏宗譜》,民國二十三年鉛印本。

5. (湖北紅安)《胡氏族譜》,1948 年修。

6. (湖北黃岡)《四修倪氏宗譜》1996 年版。

7. (湖北黃岡)《萬氏心齋公宗譜》,民國三十六年木活字本。

8. (湖北黃岡)《汪氏宗譜》,1929 年石印本。

9. (湖北黃岡)《徐氏宗譜》,民國九年木活字本。

10. (湖北麻城)《李氏四修族譜》,1946 年刻本。

11.（湖北武漢）《彭氏族譜》，民國三十五年木活字本。

12.（湖南）《陳氏冬至公譜》，光緒三十一年木活字本。

13.（湖南巴陵）《晏氏族譜》，民國十三年木活字本。

14.（湖南長沙）《湖南三峰曹氏通譜》，民國八年鉛印本。

15.（湖南醴陵）《醴南西塘丁氏七修族譜》，民國木活字本。

16.（湖南寧鄉）《周氏族譜》。民國十八年木活字本。

17.（湖南平江）《平江長壽方氏續修匯同宗譜》，民國三十年石印本。

18.（湖南湘潭）《新園唐氏八修族譜》，民國三十七年木活字本。

19.（湖南湘陰）《湘陰蕭氏族譜》，民國三十七年木活字本。

20.《湖南常德富武陵縣中淰村王氏四修支譜》，民國十七年刻本。

六、專著（按著者姓氏拼音排序）

1.（英）彼得・伯克著，姚朋、周玉鵬、胡秋紅、吳修申譯，劉北成修訂：《歷史學與社會理論》，上海世紀出版集團 2010 年版。

2.（美）卜凱著，張履鸞譯：《中國農家經濟》，商務印書館 1936 年版。

3.（加）卜正民、（加）格力高利・布魯主編：《中國與歷史資本主義》，新星出版社 2005 年版。

4. 曹幸穗：《舊中國蘇南農家經濟研究》，中央編譯出版社 1996 年版。

5. 陳誠：《臺灣土地改革紀要》，中華書局 1961 年版。

6. 陳鋒主編：《明清以來長江流域社會發展史論》，武漢大學出版社 2006 年版。

7. 陳風波、丁士軍：《農戶行為變遷與農村經濟發展：對民國以來江漢平原的研究》，中國農業出版社 2007 年版。

8. 陳富安、譚克繩：《湖北農民運動史》，武漢工業大學出版社 1996 年版。

9. 陳賡雅：《贛皖湘鄂視察記》，（臺灣）文海出版社 1968 年版。

10. 陳翰笙著，馮峰譯：《解放前的地主與農民——華南農村危機研究》，中國社會科學出版社 1984 年版。

11. 陳鈞、張元俊、方亞輝主編：《湖北農業開發史》，中國文史出版社 1992 年版。

12. 陳正謨編著：《各省農工雇傭習慣及需供狀況》，中山文化教育館 1935 年版。

13. 成漢昌：《中國土地制度與土地改革——20 世紀前半期》，中國檔案出版社 1994 年版。

14.（日）城山智子著，孟凡禮、尚國敏譯，唐磊校：《大蕭條時期的中國——

——市場、國家與世界經濟（1929～1937），江蘇人民出版社 2010 年版。

15. 丁長清、慈鴻飛：《中國農業現代化之路》，商務印書館 2000 年版。

16. 丁達：《中國農村經濟的崩潰》，上海聯合書店 1930 年版。

17. （美）杜贊奇著，王福明譯：《文化、權力與國家——1900～1942 年的華北農村》，江蘇人民出版社 2010 年版。

18. 范愛軍：《臺灣經濟研究》，濟南出版社 1995 年版。

19. 費孝通、張之毅：《雲南三村》，社會科學文獻出版社 2006 年版。

20. 費孝通：《江村經濟——中國農民的生活》，商務印書館 2005 年版。

21. 費孝通：《鄉土中國·生育制度》，北京大學出版社 1998 年版。

22. （英）莫里斯·弗里德曼著，劉曉春譯，王銘銘校：《中國東南的宗族組織》，上海人民出版社 2000 年版。

23. 傅衣凌：《明清封建土地所有制論綱》，中華書局 2007 年版。

24. 高王凌：《租佃制度新論》，上海書店出版社 2005 年版。

25. 龔勝生：《清代兩湖農業地理》，華中師範大學出版社 1996 年版。

26. 郭松義：《民命所繫：清代的農業和農民》，中國農業出版社 2010 年版。

27. （美）何炳棣著，葛劍雄譯：《明初以降人口及其相關問題（1368～1953）》，生活·讀書·新知三聯書店 2000 年版。

28. 湖南農學院編：《湖南農業》，高等教育出版社 1959 年版。

29. 胡英澤：《流動的土地——明清以來黃河小北幹流區域社會研究》，北京大學出版社 2012 年版。

30. （美）黃宗智：《長江三角洲小農家庭與鄉村發展》，中華書局 2000 年版。

31. （美）黃宗智：《華北的小農經濟與社會變遷》，中華書局 2000 年版。

32. 華恕編著：《湖南之農業》，亞光書局 1946 年版。

33. （美）J·米格代爾著，李玉琪、袁寧譯，姜開君校：《農民、政治與革命》，中央編譯出版社 1996 年版。

34. （美）吉爾伯特·羅茲曼主編，國家社會科學基金「比較現代化」課題組譯：《中國的現代化》，江蘇人民出版社 2010 年版。

35. 姜濤：《中國近代人口史》，浙江人民出版社 1993 年版。

36. （英）卡爾·波蘭尼著，馮鋼、劉陽譯：《大轉型：我們時代的政治與經濟起源》，浙江人民出版社 2007 年版。

37. （美）柯文著，林同奇譯：《在中國發現歷史：中國中心觀在美國的興起》，中華書局 2002 年版。

38. （美）孔飛力著，陳兼、陳之宏譯：《中國現代國家的起源》，三聯書店 2013 年版。

39. 李伯重：《江南的早期工業化（1550～1850）》，社會科學出版社 2000 年版。

40. 李伯重著，王湘雲譯：《江南農業的發展（1620～1850）》，上海古籍出版社 2007 年版。

41. （美）李丹著，張天虹、張宏雲、張勝波譯：《理解農民中國》，江蘇人民出版社 2009 年版。

42. 李德英：《國家法令與民間習慣——成都平原租佃制度新探》，中國社會科學出版社 2006 年版。

43. 李鐵強：《土地、國家與農民——基於湖北田賦問題的實證研究（1912～1949 年）》，人民出版社 2009 年版。

44. 李文治、江太新：《中國宗法宗族制和族田義莊》，社會科學文獻出版社 2000 年版。

45. 李文治：《明清時代封建土地關係的鬆解》，中國社會科學出版社 2007 年版。

46. 李震一：《湖南的西北角》，宇宙書局 1947 年版。

47. 梁漱溟：《鄉村建設理論》，上海人民出版社 2011 年版。

48. 林濟：《長江中游宗族社會及其變遷：黃州個案研究：明清——1949 年》，中國社會科學出版社 1999 年版。

49. 林耀華：《金翼——中國家族制度的社會學研究》，三聯書店 2009 年版。

50. 劉大鈞：《我國佃農經濟狀況》，太平洋書店 1929 年版。

51. 劉泱泱：《湖南通史（近代卷）》，湖南出版社 1994 年版。

52. 劉泱泱：《近代湖南社會變遷》，湖南人民出版社 1998 年版。

53. 龍登高：《中國傳統市場發展史》，人民出版社 1997 年版。

54. 羅福惠：《湖北通史·晚清卷》，華中師範大學出版社 1999 年版。

55. 羅望林主編：《湖南省經濟地理》，新華出版社 1988 年版。

56. （美）羅威廉著，李里峰等譯：《紅雨——一個中國縣域七個世紀的暴力史》，中國人民大學出版社 2014 年版。

57. （蘇）馬札亞爾著，陳代青、彭桂秋譯：《中國農村經濟研究》，神州國光社 1934 年版。

58. （美）馬若孟著，史建雲譯：《中國農民經濟——河北和山東的農民發展，1890～1949》，江蘇人民出版社 1999 年版。

59. 梅莉、張國雄、晏昌貴：《兩湖平原開發探源》，江西教育出版社 1995 年版。

60. （法）H·孟德拉斯著，李培林譯：《農民的終結》，中國社會科學出版社 1991 年版。

61. （美）巴林頓·摩爾著，王茁、顧潔譯：《專制與民主的社會起源——現代世界形成過程中的地主和農民》，上海譯文出版社 2013 年版。

62. （美）裴宜理著，池子華、劉平譯：《華北的叛亂者與革命者（1845～1945）》，商務印書館 2007 年版。

63. 彭雨新、張建民：《明清長江流域農業水利研究》，武漢大學出版社 1993 年版。

64. （美）珀金斯著，宋海文等譯，伍丹戈校：《中國農業的發展（1368～1968）》，上海譯文出版社 1984 年版。

65. 喬志強主編：《近代華北農村社會變遷》，人民出版社 1998 年版，

66. 秦暉、金雁：《田園詩與狂想曲——關中模式與錢近代社會的再認識》，語文出版社 2010 年版。

67. 秦暉：《傳統十論——本土社會的制度、文化及其變革》，復旦大學出版社 2011 年版。

68. 秦暉：《市場的昨天與今天》，東方出版社 2012 年版。

69. 瞿同祖：《中國法律與中國社會》，中華書局 2003 年版。

70. 瞿同祖著，范忠信、何鵬、晏鋒譯：《清代地方政府》，法律出版社 2011 年版。

71. 任放：《明清長江中游市鎮經濟研究》，武漢大學出版社 2003 年版。

72. （日）仁井田陞著，牟發松譯：《中國法制史》，上海古籍出版社 2011 年版。

73. （美）施堅雅著，史建雲、徐秀麗譯，虞和平校訂：《中國農村的市場和社會結構》，中國社會科學出版社 1998 年版。

74. （美）施堅雅主編，葉光庭、徐自立、王嗣均、徐松年、馬裕祥、王文源譯，陳橋驛校：《中華帝國晚期的城市》，中華書局 2000 年版。

75. （美）詹姆斯·C·斯科特著，鄭廣懷、張敏、何江穗譯：《弱者的武器》，譯林出版社 2007 年版。

76. （美）詹姆斯·C·斯科特著，程立顯、劉建等譯：《農民的道義經濟學：東南亞的反抗與生存》，譯林出版社 2001 年版。

77. 蘇雲峰：《中國現代化的區域研究——湖北省，1860～1916》，（臺灣）中央研究院近代史研究所 1987 年修訂版。

78. 譚同學：《橋村有道——轉型鄉村的道德權力與社會結構》，三聯書店 2010 年版。

79. （日）田中忠夫著，汪馥泉譯：《中國農業經濟研究》，大東書局 1934 年版。

80. 田子渝、黃華文：《湖北通史·民國卷》，華中師範大學出版社 1999 年版。

81. （韓）田炯權：《中國近代社會經濟史研究：義田地主和生產關係》，中國社會科學出版社 1997 年版。

82. 汪丁丁：《經濟學思想講義》，上海人民出版社 2012 年版。

83. （美）王國斌著，李伯重、連玲玲譯：《轉變的中國——歷史變遷與歐洲經驗的侷限》，江蘇人民出版社 2010 年版。

84. 王繼平：《湘軍集團和晚清湖南》，中國社會科學出版社 2002 年版。

85. 王銘銘、（英）王斯福主編：《鄉土社會的秩序、公正與權威》，中國政法大學出版社 1997 年版。

86. 王銘銘：《社會人類學與中國研究》，廣西師範大學出版社 2005 年版。

87. 王先明：《變動時代的鄉紳——鄉紳與鄉村社會結構變遷（1901～1945）》，人民出版社 2009 年版。

88. （美）王業鍵著，高風等譯，黃瑩珏審校：《清代田賦芻論》，人民出版社 2008 年版。

89. 吳傳鈞編著：《中國糧食地理》，商務印書館 1943 年版。

90. 吳文暉：《中國土地問題及其對策》，商務印書館 1934 年版。

91. （英）約翰·希克斯著，厲以平譯：《經濟史理論》，商務印書館 2007 年版。

92. 夏明方：《民國時期自然災害與鄉村社會》，中華書局 2000 年版。

93. 徐斌：《明清鄂東宗族與地方社會》，武漢大學出版社 2010 年版。

94. 許滌新、吳承明主編：《中國資本主義發展史》，人民出版社 2003 年版。

95. 許紀霖、陳達凱主編：《中國現代化史（1800～1949）》，第一卷，學林出版社 2006 年版。

96. 薛暮橋：《舊中國的農村經濟》，農業出版社 1980 年版。

97. 楊國安：《明清兩湖地區基層組織與鄉村社會研究》，武漢大學出版社 2004 年版。

98. 楊國安：《國家權力與民間秩序：多元視角下的明清兩湖鄉村社會史研究》，武漢大學出版社 2012 年版。

99. 楊國安、周榮編：《明清以來的國家與基層社會》，科學出版社 2013 年版。

100. 楊懋春著，張雄、沈煒、秦美珠譯：《一個中國村莊：山東臺頭》，江蘇人民出版社 2001 年版。

101. 楊士泰：《清末民國地權制度變遷研究》，中國社會科學出版社 2010 年版。

102. 姚洋：《土地、制度和農業發展》，北京大學出版社 2004 年版。

103. 于建嶸：《岳村政治——轉型期中國鄉村政治結構的變遷》，商務印書館 2011 年版。

104. 張海鵬、陶文釗主編:《臺灣史稿》,鳳凰出版社 2012 年版。

105. 張建民:《湖北通史‧明清卷》,華中師範大學出版社 1999 年版。

106. 張建民:《明清長江中游農村社會經濟研究》,商務印書館 2010 年版。

107. 張建民、魯西奇主編:《歷史時期長江中游地區人類活動與環境變遷專題研究》,武漢大學出版社 2011 年版。

108. 張靜:《建國初期長江中下游地區鄉村地權市場探微》,中國社會科學出版社 2011 年版。

109. 張鳴:《鄉土心路八十年——中國近代化過程中農民意識的變遷》,三聯書店 1997 年版。

110. 張培剛:《發展經濟學通論》,第一卷,《農業國工業化問題》,湖南出版社 1991 年版。

111. 張佩國:《地權‧家戶‧村落》,學林出版社 2007 年版。

112. 張佩國:《近代江南鄉村地權的歷史人類學研究》,上海人民出版社 2002 年版。

113. 張朋園:《湖南現代化的早期進展》,嶽麓書社 2002 年版。

114. 張五常:《佃農理論——應用於亞洲的農業和臺灣的土地改革》,商務印書館 2001 年版。

115. 章柏雨、汪蔭元:《中國農佃問題》,商務印書館 1948 年版。

116. (美)趙岡:《永佃制研究》,中國農業出版社 2005 年版。

117. (美)趙岡:《魚鱗圖冊研究》,黃山書社 2010 年版。

118. (美)趙岡、陳鍾毅:《中國土地制度史》,新星出版社 2006 年版。

119. 趙秀玲:《中國鄉里制度》,社會科學文獻出版社 2002 年版。

120. 周榮:《明清時期社會保障制度與兩湖基層社會》,武漢大學出版社 2006 年版。

121. (美)周錫瑞著,楊慎之譯:《改良與革命——辛亥革命在兩湖》,江蘇人民出版社 2007 年版。

122. 周憲文編:《臺灣經濟史》,臺灣開明書店 1980 年版。

123. 周曉虹:《傳統與變遷——江浙農民的社會心理及其近代以來的嬗變》,三聯書店 1998 年版。

124. 周兆銳主編:《湖北省經濟地理》,新華出版社 1988 年版。

七、論文（按著者姓氏拼音排序）

1. 曹樹基:《兩種「田面田」與浙江的「二五減租」》,《歷史研究》2007 年第 2 期。

2. 陳鋒：《明清時期的區域心理與商業性農業的發展》，《湖北社會科學》1988年第 8 期。

3. 慈鴻飛：《二十世紀前期華北地區的農村商品市場與資本市場》，《中國社會科學》1998 年第 1 期。

4. 慈鴻飛：《民國江南永佃制新探》，《中國經濟史研究》2006 年第 3 期。

5. 鄧永飛：《米穀貿易、水稻生產與清代湖南社會經濟》，《中國社會經濟史研究》2006 年第 2 期。

6. 鄧永飛：《清代湖南水稻生產技術探析》，《中國社會經濟史研究》2007年第 3 期。

7. 傅志明：《湖南近代經濟模式反思》，《湖南社會科學》1989 年第 3 期。

8. 龔勝生：《從米價長期變化看清代兩湖農業經濟的發展》，《中國經濟史研究》1996 年第 2 期。

9. 龔勝生：《清代兩湖地區人口壓力下的生態環境惡化及其對策》，《中國歷史地理論叢》1993 年第 1 期。

10. 侯建新：《近代冀中土地經營及地權轉移趨勢——兼與前工業英國地權轉移趨勢比較》，《中國經濟史研究》2001 年第 4 期。

11. 侯楊方：《長江中下游地區米穀長途貿易（1912～1937）》，《中國經濟史研究》1996 年第 2 期。

12. 胡英澤：《近代地權研究的資料、工具與方法》，《近代史研究》2011 年第 4 期。

13. 黃道炫：《一九二〇～一九四〇年代中國東南地區的土地佔有——兼談地主、農民與土地革命》，《歷史研究》2005 年第 1 期。

14. 姜濤：《近代鄉村人口階級結構穩定性初探》，《近代史研究》1994 年第 3 期。

15. 蔣建農：《從孫中山到鄧演達——平均地權學說的歷史發展》，《史學月刊》1990 年第 6 期。

16. 金沖及：《從迅猛興起到跌入谷底——大革命時期湖南農民運動的前前後後》，《近代史研究》2004 年第 6 期。

17. 鄺善武：《湖北農村借貸制度之調查與分析》，國立武漢大學第三屆畢業論文，1933 年。

18. 李華：《清代湖北農村經濟作物的種植和地方商人的活躍》，《中國社會經濟史研究》1987 年第 2 期。

19. 李華：《清代湖南商人的經商活動》，《中國經濟史研究》1992 年第 1 期。

20. 李金錚、鄒曉：《二十年來中國近代鄉村經濟史的新探索》，《歷史研究》2003 年第 4 期。

21. 李金錚:《績效與不足:民國時期現代農業金融與農村社會之關係》,《中國農史》2003 年第 1 期。

22. 李金錚:《相對分散與較為集中:從冀中定縣看近代華北平原鄉村土地分配關係的本相》,《中國經濟史研究》2012 年第 3 期。

23. 李勤:《三十年代水災對災民社會心理的影響》,《江漢論壇》2007 年第 3 期。

24. 李三謀:《民國前中期土地貿易之特徵》,《中國農史》1998 年第 2 期。

25. 林濟:《近代長江中游家族財產習俗制度述論》,《中國社會經濟史研究》2001 年第 1 期。

26. 林文勳、張錦鵬:《鄉村精英·土地產權·鄉村動力——中國傳統鄉村社會發展變遷的啟示》,《中國經濟史研究》2009 年第 4 期。

27. 凌鵬:《近代華北農村農村商品化與地權分散——以河北保定清苑農村為例》,《社會學研究》2007 年第 5 期。

28. 劉泩:《二十世紀初葉湖南現代化之研究》,湖南師範大學歷史文化學院中國近現代史專業 2004 年博士學位論文。

29. 劉克祥:《1927～1937 年的地價變動與土地買賣——30 年代土地問題研究之一》,《中國經濟史研究》2000 年第 1 期。

30. 劉克祥:《20 世紀 30 年代地權集中趨勢及其特點——30 年代土地問題研究之二》,《中國經濟史研究》2001 年第 3 期。

31. 劉鵬佛:《清代湘鄉曾氏家族與經濟社會》,廈門大學歷史系中國古代史專業 2003 年博士學位論文。

32. 劉興豪:《1912～1937 年湖南經濟現代化研究》,浙江大學人文學院中國近現代史專業 2004 年博士學位論文。

33. 劉泱泱:《湘軍與近代湖南紳權勢力的發展》,《益陽師專學報》1995 年第 1 期。

34. 劉永華:《明中葉至民國時期華南地區的族田和鄉村社會——以閩西四保為中心》,《中國經濟史研究》2005 年第 3 期。

35. 龍登高:《地權交易與生產要素組合:1650～1950》,《經濟研究》2009 年第 2 期。

36. 魯西奇:《歷史時期漢江流域農業經濟區的形成與演變》,《中國農史》1999 年第 1 期。

37. 呂興邦:《江漢平原的堤垸水利與基層社會(1942～1949)——以湖北松滋縣三合垸為中心》,《古今農業》2011 年第 1 期。

38. 梅莉:《洞庭湖區垸田的興盛與湖南糧食的輸出》,《中國農史》1991 年第 2 期。

39. 任放：《近三十年中國近代史研究視角的轉換——以鄉村史研究為中心》，《史學月刊》2011 年第 4 期。

40. 任放：《明清湖北商品經濟的發展狀況》，《湖北大學學報（哲學社會科學版）》2003 年第 1 期。

41. 任金帥：《辛亥革命與鄉村公產運作的歷史變遷——以兩湖為中心的歷史考察》，《人文雜誌》2011 年第 5 期。

42. 沈瀟：《近代湖南農村社會變遷研究》，湖南師範大學歷史文化學院專門史專業 2008 年碩士學位論文。

43. 盛邦和：《中國土地權演化及地主租佃、小農自耕模式的形成》，《中州學刊》2009 年第 1 期。

44. 盛邦躍：《20 世紀 20～30 年代中國農村經濟基本特徵探討》，《中國農史》2002 年第 4 期。

45. 史宏志：《20 世紀 30、40 年代華北平原農村土地以外主要生產資料的佔有情況——以河北省清苑縣 4 村為例》，《中國經濟史研究》2005 年第 3 期。

46. 史宏志：《20 世紀三四十年代華北平原農村的租佃關係和雇傭關係——以河北省清苑縣 4 村為例》，《中國經濟史研究》2003 年第 1 期。

47. 史志宏：《20 世紀三、四年代華北平原農村的土地分配及其變化》，《中國經濟史研究》2002 年第 3 期。

48. 史建云：《近代華北平原地租形態研究——近代華北平原租佃關係探索之一》，《近代史研究》1997 年第 3 期。

49. 史建云：《近代華北平原佃農的土地經營及地租負擔》，《近代史研究》1998 年第 6 期。

50. 史建云：《近代華北平原自耕農初探》，《中國經濟史研究》1994 年第 1 期。

51. 譚件國：《近代湖南宗族研究》，湖南師範大學歷史文化學院中國近現代史專業 2007 年碩士學位論文。

52. 譚天星：《簡論清前期兩湖地區的糧食商品化》，《中國農史》1988 年第 4 期。

53. 譚天星：《清前期兩湖農村的租佃關係與民風》，《中國農史》1992 年第 3 期。

54. 陶誠：《30 年代前後的中國農村調查》，《中國社會經濟史研究》1990 年第 3 期。

55. （韓）田炯權：《清末民國時期湖北的米穀市場和商品流通》，《中國經濟史研究》2006 年第 4 期。

56. （韓）田炯權：《清末民國時期湖廣（湖南、湖北）地區的農業生產力及

生產關係》，《清史研究》1996 年第 1 期。

57. （韓）田炯權：《清末民國時期湖南的米穀市場和商品流通》，《清史研究》
2006 年第 1 期。

58. （韓）田炯權：《清末至民國時期湖南汝城縣的商品流通和物價變動》，
《清史研究》2004 年第 1 期。

59. 吳琦：《清代湖廣糧食流向及其社會功用》，《華中師範大學出版社（哲學
社會科學版）》，1992 年第 2 期。

60. 夏明方：《發展的幻象——近代華北農村農戶收入狀況與農民生活水平辨
析》，《近代史研究》2002 年第 2 期。

61. 夏明方：《近代中國糧食生產與氣候波動——兼評學術界關於中國近代農
業生產力水平的爭論》，《社會科學戰線》1998 年第 4 期。

62. 徐暢：《抗戰前長江中下游地區地主城居述析》，《文史哲》2002 年第 4
期。

63. 徐暢：《農家負債與地權異動——以 20 世紀 30 年代前期長江中下游地區
農村為中心》，《近代史研究》2005 年第 2 期。

64. 徐德莉：《民國時期湖北偽造租佃文書個案研究》，《求索》2012 年第 9
期。

65. 徐凱希：《近代湖北植棉業初探》，《中國農史》1991 年第 2 期。

66. 徐凱希：《三十年代湖北的水災與農村經濟》，《江漢論壇》1999 年第 7
期。

67. 徐凱希：《晚清末年湖北農業改良述略》，《中國農史》2004 年第 1 期。

68. 徐秀麗：《中國近代糧食畝產的估計——以華北平原為例》，《近代史研究》
1996 年第 1 期。

69. 楊國安：《冊書與明清以來兩湖鄉村基層賦稅徵收》，《中國經濟史研究》
2005 年第 3 期。

70. 楊國安：《明清鄂西山區的移民與土地墾殖》，《中國農史》1999 年第 1
期。

71. 楊國楨：《論中國永佃權的基本特徵》，《中國社會經濟史研究》1988 年
第 2 期。

72. 楊志軍：《近代湖南區域貿易與社會變遷（1860～1937）》，湖南師範大學
歷史文化學院中國近現代史專業 2010 年博士學位論文。

73. 姚順東：《抗戰前國民政府農村土地政策評價——以湖北省為中心的考
察》，《民國檔案》2012 年第 2 期。

74. 張安東：《民國前期湖南災荒賑濟及成效研究——以辛酉（1921 年）空
前春荒賑濟為中心》，《中國農史》2007 年第 1 期。

75. 張東剛：《20 世紀上半期中國農家收入水平和消費水平的總體考察》，《中國農史》2000 年第 4 期。

76. 張國雄：《「湖廣熟，天下足」的經濟地理特徵》，《湖北大學學報（哲學社會科學版）》1993 年第 4 期。

77. 張海英、葉軍：《清代江南與兩湖地區的經濟聯繫》，《江漢論壇》2002 年第 1 期。

78. 張家炎：《環境、市場與農民選擇——清代及民國時期江漢平原的生態關係》，黃宗智主編：《中國鄉村研究》第 3 輯，社會科學文獻出版社 2005 年版。

79. 張家炎：《糧棉兼種，各業發展——清代中期江漢平原作物結構研究》，《古今農業》1991 年第 3 期。

80. 張家炎：《明清長江三角洲地區與兩湖平原農業經濟結構演變探異——從「蘇湖熟，天下足」到「湖廣熟，天下足」》，《中國農史》1996 年 3 期。

81. 張家炎：《明清江漢平原的農業開發對商人活動和市鎮發展的影響》，《中國農史》1995 年第 4 期。

82. 張家炎：《明清江漢平原農業經濟發展的地區特徵》，《中國農史》1992 年第 2 期。

83. 張家炎：《清代江漢平原水稻生產詳析》，《中國農史》1991 年第 2 期。

84. 張家炎：《移民運動、環境變遷與物質交流——清代及民國時期江漢平原與外地的關係》，《中國經濟史研究》2011 年第 1 期。

85. 張建民：《「湖廣熟，天下足」述論——兼及明清時期長江沿岸的米糧流通》，《中國農史》1987 年第 4 期。

86. 張建民：《明清長江中游山區的灌溉水利》，《中國農史》1993 年第 2 期。

87. 張建民：《明清山區資源開發特點述論——以秦嶺－大巴山區為例》，《武漢大學學報（哲學社會科學版）》1999 年第 6 期。

88. 張建民：《清代江漢－洞庭湖區堤垸農田的發展及其綜合考察》，《中國農史》1987 年第 2 期。

89. 張建民：《清代兩湖堤垸水利經營研究》，《中國經濟史研究》1990 年第 4 期。

90. 張建民：《試論中國傳統社會晚期的農田水利——以長江流域為中心》，《中國農史》1994 年第 2 期。

91. 張齊政：《南嶽衡山寺廟土地經營研究》，《中國農史》2001 年第 1 期。

92. 張珊珊：《近代漢口港與其腹地經濟關係變遷（1862～1936）——以主要出口商品為中心》，復旦大學歷史地理研究中心歷史地理學專業 2007 年博士學位論文。

93. 章有義：《本世紀二三十年代我國地權分配的再估計》，《中國社會經濟史研究》1988 年第 2 期。

94. 章有義：《近代中國人口和耕地的再估計》，《中國經濟史研究》1991 年第 1 期。

95. 趙曉力：《中國近代農村土地交易中的契約、習慣與習慣法》，《北大法律評論》1998 年第 2 期。

96. 趙彥玲：《民國時期湖北租佃關係研究（1927～1937）》，華中師範大學近代史研究所中國近現代史專業 2008 年碩士學位論文。

97. 鄭起東：《近代華北的農業發展和農民生活》，《中國經濟史研究》2000 年第 1 期。

98. 周群：《清末民初湖北農村經濟社會的變更》，華中師範大學大學近代史研究所中國近現代史專業 2005 年碩士學位論文。

99. 朱玉湘：《試論近代中國的土地佔有關係及其特點》，《文史哲》1997 年第 2 期。

後　記

一

2019 年 6 月 13 日，好友楊喬給我發了條消息，說告訴我一件事情，讓我先有個心理準備。作為同門，我雖然知道她說的事情是師門之事，但當她說出任老師身患重症時，我一時無法接受。要知道，就在半年多前，我還參加了任師組織的一次學術會議。那時他還看不出有任何異樣，甚至像以往一樣神采奕奕，為何短短半年會有如此大的變故？慢慢接受了現實後，我在心底默默祈禱任師能闖過這一關。

因任師一開始並不想讓身處外地的學生知道他的情況，因此，接下來的一段時間，師門裏仍然是靜悄悄的，通過楊喬得知，任老師的事情由在校的師弟師妹們忙前忙後，心裏略感欣慰和感激。欣慰的是有學生們在周圍圍繞，可以讓老師的注意力可以從患病的痛苦中轉移一下，感激的是我們這些已經畢業的在外地的學生幫不上忙的時候，這些可愛的師弟師妹們替我們盡了義務。

時間到了七月，暑假來臨。儘管這時候師門中仍沒有任師患病的消息傳出，但我還是決定去武漢看望他了。7 月 18 日，我給任老師發了條短信，表達想去看他的意思，詢問一下是否方便。老師回信說：「好的。也想見一見自己的學生。最好上午。」自從聽說了任老師病情後，這是第一次和他聯繫，這樣心照不宣的對話不禁讓我鼻子一酸，難過的心情無法言表。

7 月 21 日，我和幾位同學在武漢同濟醫院見到分別半年多的任老師。儘管因病魔折磨身體消瘦、臉色蠟黃，但任老師見到學生們的到來，還是一如既往地笑著。在和任老師聊天中，他問我們工作、問我們研究，談學術圈的

趣事，彷彿這不是病房，而是他家的書房、客廳、辦公室。任老師最終講到了自己的病情，他說自己對生死看的比較淡，但他仍然比較遺憾因為前些年身體狀態不錯而忽視了每年的體檢，讓我們一定要注意身體。任老師說話的語氣很平靜，彷彿自己面臨的不是生死之事。他的豁達態度讓我心安，讓我覺得他能渡過這一關。為了不打擾老師休息，我們在十一點之前告別離開醫院。下午離漢回浙，在車上，我在師門群裏希望在校的師弟師妹們在照顧任老師的時候多多鼓勵他對抗病魔，如果有什麼情況，及時在群裏相告。但我私心裏還是希望關於任老師的消息越少越好，病魔兇險，「沒有消息就是好消息」，沒有消息意味著老師的狀態穩定，有進一步治療的希望。

回浙後，忙於自己的一個任務，天天泡在圖書館。心中雖然記掛著任老師，但群裏沒有什麼消息，有時候問一下老師的情況，得到的回答是情況穩定，心中也安定不少。

9 月，暑假過去，學校開學。一個忙碌的學期剛剛開始，毫無心裏準備的噩耗就傳來了。9 月 16 日早上，我打開手機就看到了師妹的短信：「師兄，任老師走了，12 點 20 分左右。走得很安詳。」消息發來的時間是凌晨一點多。我知道這一天終究會到來，雖然我無數次地想像任老師治癒後的情形，但他的病實在過於兇險，只是沒想到分別來得這麼快。我無力地躺在床上，哀傷使我淚水湧出。等心情稍稍平復，回覆師妹：「謝謝師妹。我明天到武漢，後天參加老師的告別儀式。」

第二天到武漢是下午四點多，到老師家的靈臺前拜祭後，又匆匆忙忙趕到武昌殯儀館。任老師的遺體安放於此，晚上我要為老師守夜。到了殯儀館，見到了老師的遺體，比我兩個月前見到他的樣子瘦了許多。雖然師妹說他「走得很安詳」，但這其中受到的折磨我無法想像。見到老師的樣子，我的淚水又不禁流了出來。

師母和其他同門走後，留下我和俊明師弟為老師守夜。殯儀館很安靜，這是屬於死者的地方，但一點也不讓人恐懼。老師躺在旁邊，我和俊明師弟聊著我們在師門的點點滴滴，聊起任老師對我們的指導，彷彿能觸摸到時光。這一夜，我們離老師很近，又如此之遠。

第二天上午，告別儀式後，任老師的遺體火化，下午我坐車離開武漢。2011 年 9 月，我正式入學成為任師弟子，2019 年 9 月任師去世，整八年的師生塵世緣分就此結束。

二

　　第一次知道任師的名字是在 2008 年。當時我剛考入南京師範大學，師從
慈鴻飛教授攻讀碩士學位。這年 12 月，由慈師組織、南京師範大學社會發展
學院承辦了「中國歷史上的三農問題學術研討會」。作為旁聽者，我在論文集
上看到了任師的名字。由於任師當時人在韓國，沒有參加會議，我無緣第一
時間領略其風采，但「任放」二字瀟灑至極，讓人難忘。那時並沒有想到過
會和任師有一段師生緣分。

　　不久後，慈師為我定了一個研究課題：「近代兩湖族田研究」。任師的研
究重點是明清以來包括兩湖在內的長江中游的社會經濟史，因此，他的研究
也成為我的重要參考。

　　在撰寫碩士論文期間，我到武漢查閱資料，乘間隙參觀了慕名已久的武
漢大學。在此之前，雖然已經決定考博，但還沒決定報考哪所學校。此次武
漢大學之旅，讓我下定了決心報考這所著名學府。

　　武漢大學歷史學名家輩出，以唐長孺先生為代表的三至九世紀研究閃耀
學界。武大的經濟史研究雖然不如三至九世紀研究耀眼，但通過李劍農、彭
雨新諸先生的奠基、發展，同樣功底深厚。我打算報考時，武漢大學歷史學
院社會經濟史方向有三位博導，分別是陳鋒師、張建民師以及任放師。任師
的研究更具有區域性，與我碩士論文的兩湖研究契合，因此成為我的報考目
標。

　　回南京之後，我一邊準備撰寫碩士論文，一邊著手聯繫任師，表達自己
報考的意願。老師對我報考他的博士生表示歡迎，這並非客套話，他希望我
完成碩士論文後將論文發給他看看。老師的回信使我信心倍增，同時也是對
我認真完成碩士論文的巨大督促。

　　儘管任師讓我將論文完成後發給他，但是為了讓他早些瞭解我，也為了
更好地寫好論文，在寫完緒論後便發給他，請他指點。幾天後，收到了任師
的回信，他的意見主要集中在學術前史上。他指出，我的學術前史缺乏精闢
概括，且述多評少，需要改進。後來博士入學之後，我才瞭解任老師對學術
前史的重視之深。

　　之後，我每寫完一章，便給任老師發過去，請求指點。任老師也不厭其
煩地提出意見，給出建議。在慈師的指導和任師的指點下，我的碩士論文在
答辯時得到了答辯委員會的較高評價。任師為一個未見過面且還不是自己的

學生的後學如此悉心指導，有問必答，其胸懷讓人感佩。

2011 年上半年，我又去了武漢兩次，參加武漢大學博士生入學考試的初試和復試。兩次考試都很順利，特別是初試後，查到成績超過武大錄取分數線不少，我立即將消息告訴了任師。任師也為我高興，讓我好好準備復試。在復試中，我第一次見到了任師。雖然我在網上看過他的照片，但是見到真人，才發現那張在韓國成均館大學門口拍的照片並不能反映他高大帥氣的外表和渾身發散的學者儒雅。

由於來去匆忙，這次復試我沒有和任師作復試外的其他交流。因為復試順利，已是武大準博士生，交流來日方長。於是在南京很安心地畢業，愉快地回家過暑假，等待開學日期的來臨。

三

對學歷史的人來說，南京和武漢都是特別的城市。就近代史而言，前者是民國首都，後者是民國發源地，武漢又處在南京上游，因此，從南京走向武漢，我戲稱自己是「沿民國逆流而上」。

2011 年 9 月，我正式入學武漢大學。最初的一個月，忙於辦各類手續、上課，沒有和任師見面。10 月，終於有了和他第一次長談的機會。任老師把我叫到家裏，短暫的寒暄之後，他問了我的研究計劃。因我碩士論文研究對象為近代兩湖地區的族田，博士階段想把研究內容擴展開來，作近代以來兩湖地區土地問題的研究。因有研究基礎，任師對我的研究內容表示贊同，但也強調無需急於構思論文內容，而是要多看文獻，多搜集資料。任師特別強調學術前史的寫作，提醒我先將學術前史寫好交給他過目。

儘管在碩士階段，慈師也強調學術前史，但可能師從慈師時是碩士階段，他對學術前史的要求並沒有很高。攻讀博士學位階段，任師的要求就要高出許多。任師自己博士論文中的學術前史就堪稱典範，最終以《二十世紀明清市鎮經濟研究》發表在歷史學最高權威期刊《歷史研究》上。該文通過「明清市鎮經濟研究的階段與區域」、「明清市鎮經濟研究的對象與方法」、「明清市鎮經濟研究的缺憾及趨勢」三個部分，對二十世紀學術界對明清市鎮經濟的研究進行了全面地梳理。在任師讀博階段網絡並不發達的時期，學術史梳理採用的是老派學者通用的方式：大面積地閱讀，不放過一篇相關文獻。將一篇學術史梳理寫成學術生涯的代表作之一，足見任師用功之深。之後，任

師也沒有放棄對學術史的興趣，每每有佳作問世，比如 2011 年發表於《史學月刊》的《近三十年中國近代史研究視角的轉換——以鄉村史研究為中心》便是高引用率的學術史佳作。優秀的學術史梳理是艱苦的工作，需要強大的文獻搜集能力和文章閱讀概況能力，並能找出研究不足和趨勢的分析能力，往往需要作者花很大的工夫。但對後學來說，優秀的學術史梳理論文，是瞭解學術前沿的基本途徑，任師花大力氣梳理學術史，實在是我們這些後學之福。

　　與任師的交流是輕鬆愉悅的。任師與慈師是完全不同類型的長者，慈師為人較嚴肅，不苟言笑，雖然常常在背後誇讚學生，但當面以批評居多，他的和藹常常在學生畢業之後才表現出來。任師則是從頭到尾都異常和氣，因此，與任師交談往往會很放鬆，沒有和慈師交談時的緊張感。和慈師交流，往往主要是學術問題，而任師交流，天南地北、海闊天空，什麼都聊。任老師喜歡聊學術圈的一些趣事，一些原來只能在文字中領略風采的學者在和任老師的交流中常常一下子形象樹立起來。任師和慈師熟識，他跟我講了不少在開會時遇到慈師的趣事，也讓我在無形中對慈師也親近不少。

　　數月後，我將學術前史梳理出來，第一時間發給任師。鑒於上次的經驗和老師的叮囑，加上博士論文的要求更嚴格，這次學術前史的梳理我花了很大的工夫，自認為寫的還不錯。幾天後，收到任師回信。打開文檔，又見到了密密麻麻的批註。任師給學生看論文，一般並不是指出文章哪裏有問題，讓學生修改，而是非常細緻地看，看到問題就批註。在我的論文裏，大到文章結構，小到錯字，任師都一一標出。看完任師的批註，感覺自己信心略受打擊，不過我還是老老實實地按照老師的要求認認真真地修改了一遍。

　　讀博期間，任師為我兩次如此細緻地改過論文，除了學術前史，另一次修改後的文章最終以《民國時期兩湖鄉村的地權分配》為名發表在《中國經濟史研究》上。這一部分是我的博士論文的核心章節，因此，無論是在收集資料、構思結構和正式寫作都花了不少時間。我發給任師時，和他說了打算將這篇文章投《中國經濟史研究》。幾天後，收到回信，又是一篇有著密密麻麻批註的文檔。我按照任師的要求修改了一遍，最終被錄用。

　　任師對學生的請求一般有求必應。聽畢業的師兄說，他申請課題時的申請書也會請老師幫忙修改，老師每次也都認真提出自己的意見和建議。

　　從第一次和任師交流開始，他對我的博士論文提出了比較高的要求，這

既給了我壓力，也給了我信心。除了認真閱讀文獻、廣泛搜集資料，我也從任師對我論文的修改和數次交談中吸收營養。論文完成後，任師的評價不錯。雖然可能還無法達到任師心中的要求，但在研究態度和在論文上所花的精力上，在老師面前我是問心無愧的。任師已逝，哀傷仍在，遺憾也多，但讀博那幾年我是充實的。回想起來，當初報考任師，真是我無比正確的選擇。

四

在我寫這篇後記的時候，武漢正經歷一場巨大的磨難，新型冠狀病毒肺炎的爆發使武漢成為全中國乃至全世界揪心的地方。作為我生活了五年的第二故鄉，武漢也時時讓我牽掛。對於疫情，除了捐款我提供不了其他實際的幫助，只能祈禱任師的家人平安，武漢的老師、朋友們平安，武漢人民平安。相信任師的在天之靈，亦會保祐他的家人、他的老師、他的朋友和學生們。2019 年的下半年和 2020 年的開頭讓人如此悲傷，時間無法重啟，但相信陰霾終究會過去，陽光最終會到來！

2020 年 2 月 8 日於松陽縣楓坪鄉清悠幽居民宿